Wie alt ist meine Taschen- oder Armbanduhr?

Bernhard Schmeltzer

Wie alt ist meine

Taschen- oder Armbanduhr?

Für den Sammler und Uhrenfreund

Von der Spindel-Taschenuhr zur Quarz-Armbanduhr.
Die Geschichte der tragbaren Uhr von 1780 bis 1980.

Mit 450 Fotos und einem neuen System
zur Altersbestimmung antiker Uhren.

1988
Verlag Karin Schmeltzer — 4100 Duisburg 1

Die Uhrensammlung „Juwelier Schmeltzer" kann komplett zu Ausstellungszwecken ausgeliehen werden. Sie ist identisch mit dem Inhalt meiner Bücher.

Carmen und Micha gewidmet

3. Auflage 1990
Schmeltzer, Bernhard:
Wie alt ist meine Taschen- oder Armbanduhr?
Für den Sammler und Uhrenfreund.
Verlag Karin Schmeltzer — 4100 Duisburg 1 — 1990
ISBN 3-9801360-4-3

Titelbild	*: Taschenuhr und Damenuhr ca. 1920*
Texte und Fotos	*: Bernhard Schmeltzer*
Entwurf und Gestaltung	*: Bernhard Schmeltzer*
Personenfotos	*: Stadtarchiv Duisburg*
Antike Uhren	*: Sammlung „Juwelier Schmeltzer"*
Satz und Druck	*: Druckerei Kunze GmbH, Duisburg*
Verlag	*: Karin Schmeltzer, Duisburg*
ISBN	*: 3-9801360-4-3*

Vorwort

Es gehört zur Tradition der Uhrmacherfamilie Schmeltzer, seltene Uhren zu sammeln und zu restaurieren. So entstand im Laufe von über 100 Jahren eine Sammlung seltener Taschen- und Armbanduhren, die von mir zu einer übersichtlichen und interessanten Ausstellung antiker Uhren geordnet wurde. Alle Uhren sind in meiner Werkstatt fachmännisch überholt oder repariert worden und somit gangfähig.
Dieser Bildband ist als Geschichtsbuch der tragbaren Uhr, Ausstellungskatalog und Leitfaden zur Bestimmung von Alter und Art mechanischer Uhren gedacht. Um einen lebendigen Bezug zur Zeitepoche der Uhren dieser Sammlung herzustellen, werden dem Leser bedeutende Besucher oder Bürger meiner Heimatstadt Duisburg vorgestellt.
Das Sammeln von Taschen- und Armbanduhren ist in den letzten Jahren sehr populär geworden. Immer mehr Menschen lassen sich von der technischen Perfektion und Schönheit dieser Kunstwerke begeistern. In mehreren deutschen Museen befinden sich umfangreiche Uhrensammlungen und in den Büchereien gibt es viele Bücher über alte Uhren. Mein Leitfaden durch die Uhrmacherkunst der vergangenen 200 Jahre bildet in Verbindung mit der Uhrensammlung „Juwelier Schmeltzer" eine Besonderheit, denn alle hier mit Foto und Text vorgestellten Uhren können anläßlich meiner Ausstellungen im Original betrachtet werden. Darüber hinaus ist es dem Freund alter Uhren oder dem Uhrensammler auch ohne spezielle Fachkenntnisse möglich, mit Hilfe der Abbildungen und nach einem von mir entwickelten System das Alter seiner Uhren selbst zu ermitteln.
Wenn ich Ihnen, lieber Leser, ein kleines Stück Faszination alter Uhren übermitteln kann, dann ist der Sinn dieses Buches erfüllt: Werte von gestern und heute den kommenden Generationen zu erhalten.

Duisburg, im September 1986

Bernhard Schmeltzer

Inhalt
Verzeichnis der Abbildungen

	Seite
Uhrensammlung "Juwelier Schmeltzer"	7- 9
Kurzgeschichte der tragbaren Uhr	10
Aufbau einer Taschenuhr mit Schlüsselaufzug	11
Aufbau einer Uhr mit Kronenaufzug	12
Aufbau einer Uhr mit automatischem Aufzug	12
Aufbau einer Uhr mit Batterieantrieb	13
Hemmungen von mechanischen Uhren	14
Unruhen und Spiralfedern	15
Spindel-Taschenuhren	16- 19
Cylinder-Taschenuhren mit Schlüsselaufzug	20- 23
Anker-Taschenuhren mit Schlüsselaufzug	24- 29
Cylinder-Taschenuhren mit Kronenaufzug	30- 35
Anker-Taschenuhren mit Kronenaufzug	36- 43
Taschenuhr mit Chronometerhemmung	44- 45
Taschenuhren mit Präzisions-Ankerwerken	46- 59
Taschenuhren mit Sonderfunktionen	60- 65
Taschenuhren mit extra-flachen Werken.	66- 69
Armbanduhren mit Handaufzug	70- 97
Armbanduhren mit automatischem Aufzug	98-105
Uhren mit Veränderungen an Werk/Gehäuse	106-109
Armbandchronographen	110-115
Armbanduhren mit Sonderfunktionen	116-123
Anhängeruhren, Schmuckuhren	124-125
Elektronische Uhren, Unruh/Stimmgabel	126-129
Quarz-Armbanduhren, Digital/Analog	130-141
Informationen zu Gehäusen und Zifferblättern	142-143
Markenzeichen, Punzierung, Chronometer	144-145
Altersbestimmung von Taschenuhren	**146**
Altersbestimmung von Armbanduhren	**147**
Jahreszahlen zur Uhren-Entwicklung	148
Stichwortverzeichnis zur Uhrentechnik	149
Persönlichkeiten, Bürger/Besucher Duisburgs	150
Die Geschichte bedeutender Uhrenfabriken	151-160

Inhalt
zur Uhrentechnik und Uhrengeschichte

	Seite
Ankerhemmung	24
Anhängeruhr	124
Armbanduhr	70
Armbanduhrgehäuse	94
Automatische Armbanduhr	12, 98
Chronometerhemmung	44
Chronometerprüfung	144
Chronograph	110
Cylinderhemmung	20
Deutsche Uhrenindustrie	74
Doktoruhr	119
Elektronische Armbanduhr	13, 126
Flache Armbanduhr	90
Gehäuse	142
Gesellenprüfung	107
Glashütter Uhrenindustrie	46
Hemmungen	14
Kalenderuhr	117
Kolbenzahn-Ankerhemmung	24
Kronenaufzug	12, 30
LCD-Uhr	133
LED-Uhr	130
Markenzeichen	145
Meisterprüfung	106
Militäruhr	118
Perfekte Handaufzuguhr	86
Punzierungen	145
Quarz-Analog-Armbanduhr	136
Repetieruhr	60
Schlüsselaufzug	11
Schweizer Uhrenindustrie	54
Skelettuhr	108
Spindelhemmung	16
Spirale	15
Spitzzahnankerhemmung	28
Stimmgabeluhr	128
Stoppuhr	60
Stoßsicherung	78
Taucheruhr	122
Uhrenfachgeschäfte	66
Uhrmacher-Werkstätten	50
Unruh	15
Wärmefehlerausgleich	36
Wassergeschützte Uhren	82
Wecker-Armbanduhren	120
Zeiger	143
Zifferblätter	143

Inhalt

Uhrensammlung „Juwelier Schmeltzer“

Seite + Nr. Herstellungszeitraum

1.: Taschenuhren mit Schlüsselaufzug

16 - 1 Spindeluhrwerk ... 1775-1810
17 - 1 Spindeluhrwerk, Repetier auf Glocke ... 1775-1800
18 - 1 Spindeluhr, Silber ... 1780-1820
19 - 1 Spindeluhr, Messing ... 1775-1810
19 - 2 Spindeluhr, Silber, Repetierwerk ... 1780-1820

20 - 1 Cylinderuhrwerk ... 1840-1860
21 - 1 Damen-Cylinderuhr, 585 Gold ... 1825-1850
22 - 1 Cylinderuhr, vernickelt ... 1875-1900
22 - 2 Damen-Cylinderuhr, 750 Gold ... 1850-1875
23 - 1 Cylinderuhr, Silber mit Goldauflage ... 1850-1875

24 - 1 Ankeruhrwerk ... 1850-1870
25 - 1 Ankeruhr, 750 Gold ... 1850-1860
26 - 1 Ankeruhr, Sprungdeckel, 585 Gold ... 1860-1870
27 - 1 Ankeruhr, Silber mit Goldauflage ... 1860-1880
27 - 2 Ankeruhr, Silber mit Goldauflage ... 1860-1880

29 - 1 Spitzzahnankeruhr, 750 Gold ... 1845-1855

2.: Taschenuhren mit Kronenaufzug

30 - 1 Cylinderuhrwerk mit Kronenaufzug ... 1870-1890
31 - 1 Cylinderuhr, Silber mit Goldauflage ... 1880-1890
32 - 1 Damen-Cylinderuhr, 585 Gold ... 1900-1910
32 - 2 Damen-Cylinderuhr, Silber mit Goldauflage ... 1880-1890
33 - 1 Cylinderuhr, Silber mit Goldauflage ... 1890-1900
33 - 2 Damen-Cylinderuhr, 585 Gold ... 1890-1900
34 - 1 Damen-Cylinderuhr, Sprungdeckel, 333 Gold ... 1900-1910
34 - 2 Damen-Cylinderuhr, 585 Gold ... 1900-1910
35 - 1 Cylinderuhr, Nickel ... 1910-1920
35 - 2 Cylinderuhr, Silber mit Goldauflage ... 1900-1910

36 - 1 Ankeruhrwerk mit Kronenaufzug ... 1895-1915
37 - 1 Glashütter Ankeruhr, 750 Gold ... 1860-1870
38 - 1 Ankeruhr, Silber mit Goldauflage ... 1895-1905
38 - 2 Damen-Ankeruhr, Sprungdeckel, Silber ... 1880-1890
39 - 1 Ankeruhr, Goldauflage ... 1890-1910
39 - 2 Ankeruhr, 750 Gold ... 1880-1900
40 - 1 Ankeruhr, Silber ... 1890-1910
40 - 2 Ankeruhr, Silber ... 1900-1910
41 - 1 Ankeruhr, Nickel ... 1900-1910
41 - 2 Ankeruhr, Silber mit Goldauflage ... 1900-1910
42 - 1 Ankeruhr, Sprungdeckel, Tula-Silber ... 1920-1925
42 - 2 Ankeruhr, Klappfuß, Eisen ... 1920-1925
43 - 1 Ankeruhr, Silber ... 1920-1930
43 - 2 Ankeruhr, Tula-Silber ... 1920-1930

3.: Taschenuhr mit Chronometerhemmung

45 - 1 Taschenuhr mit Chronometerhemmung, Silber ... 1895-1905

Inhalt

Uhrensammlung „Juwelier Schmeltzer“

Seite + Nr. Herstellungszeitraum

4.: Taschenuhren mit Präzisions-Ankerwerken

46 - 1 Taschenuhrwerk, Assmann-Glashütte ... 1900-1920
47 - 1 Sprungdeckeluhr, Lange & Söhne IA, 750 Gold ... 1910-1915
48 - 1 Sprungdeckeluhr, Lange & Söhne, 585 Gold ... 1920-1925
49 - 1 Damen-Sprungdeckeluhr, Lange & Söhne, 750 Gold ... 1890-1895

50 - 1 Altes Uhrmacherwerkzeug ... 1875-1940
51 - 1 Sprungdeckeluhr, IWC-Bernh. Schmeltzer, Silber ... 1910-1915
52 - 1 Ankeruhr, Omega-Bernh. Schmeltzer, Silber/Gold ... 1905-1915
52 - 2 Ankeruhr, IWC-Bernh. Schmeltzer, Silber/Gold ... 1905-1915
53 - 1 Sprungdeckeluhr, Assmann-Glashütte, 585 Gold ... 1910-1920
53 - 2 Ankeruhr, Assmann-Glashütte, Tula-Silber ... 1910-1920

54 - 1 Taschenuhrwerk, Alpina-Schweiz ... 1905-1915
55 - 1 Präzisionsuhr, Patek Philippe, 750 Gold ... 1900-1905
56 - 1 Präzisionsuhr, Vacheron & Constantin, 750 Gold ... 1895-1905
56 - 2 Ankeruhr, Audemars, 585 Gold ... 1910-1920
57 - 1 Sprungdeckeluhr, IWC, 585 Gold ... 1895-1905
57 - 2 Präzisionsuhr, IWC-Bernh. Schmeltzer, Silber ... 1905-1915
58 - 1 Sprungdeckeluhr, Longines, 585 Gold ... 1895-1900
58 - 2 Ankeruhr, Badollet, Silber ... 1910-1920
59 - 1 Ankeruhr, Unruh im Zifferblatt, Silber ... 1910-1920
59 - 2 Ankeruhr, Unruh im Zifferblatt, Doublé ... 1910-1970

5.: Taschenuhren mit Sonderfunktionen

60 - 1 Taschenuhrwerk mit Repetition ... 1895-1915
61 - 1 Sprungdeckel-Repetier-Chronograph, 585 Gold ... 1920-1925
62 - 1 Taschenuhr mit Stoppwerk, Silber ... 1910-1920
63 - 1 Stoppuhr mit Schleppzeiger, Nickel ... 1915-1935
63 - 2 Stoppuhr mit Schleppzeiger, Nickel ... 1935-1945
64 - 1 Eisenbahneruhr, Nickel, staubdicht ... 1885-1915
64 - 2 Eisenbahneruhr, Nickel, ... 1885-1915
65 - 1 Taschenuhr mit Wecker, Stahl ... 1900-1930
65 - 2 Taschenuhr mit Wecker, Nickel ... 1900-1930

6.: Taschenuhren mit flachen Werken

66 - 1 Taschenuhrwerk, Doxa-Schweiz ... 1920-1930
67 - 1 Taschenuhr, Recta, 585 Weiß-Gelbgold ... 1920-1930
68 - 1 Taschenuhr, Schweiz, Silber ... 1925-1930
68 - 2 Sprungdeckeluhr, Schweiz, Doublé ... 1925-1930
69 - 1 Taschenuhr, Tissot, Edelstahl ... 1930-1935
69 - 2 Taschenuhr, Omega, verchromt ... 1930-1935
69 - 3 Taschenuhr, Tissot, verchromt, Replica ... um 1980

Inhalt

Uhrensammlung „Juwelier Schmeltzer"

Seite + Nr. Herstellungszeitraum

7.: Armbanduhren mit Handaufzug

70 - 1 Armbanduhrwerk, Eterna, Steinanker 1915-1925
71 - 1 Eterna-Herrenuhr, Anker, Silber 1915-1925
71 - 2 Schützengrabenuhr, Anker, Nickel 1900-1920
72 - 1 Damenuhr, Cylinder, 585 Gold (früher Taschenuhr) 1910-1920
72 - 2 Damenuhr, Cylinder, 585 Gold (früher Taschenuhr) 1910-1920
72 - 3 Damenuhr, Schweiz, Anker, Silber 1915-1920
73 - 1 Herrenuhr, Schweiz, Anker, Nickel, ... 1915-1920
73 - 2 Damenuhr, Schweiz, Anker, 333 Gold 1915-1925
73 - 3 Eterna-Herrenuhr, Anker, Silber 1910-1925

74 - 1 Chopard-Stabwerk, Steinanker 1940-1950
75 - 1 Optima-Damenuhr, Anker, 585 Gold 1920-1925
75 - 2 Glashütter-Damenuhr, Cylinder, Silber 1920-1930
76 - 1 Optima-Damenuhr, Anker, 750 Weißgold 1920-1925
76 - 2 Optima-Damenuhr, Anker, 585 Gold........ 1920-1930
76 - 3 Herrenuhr, Deutschland, Cylinder, Silber 1920-1930
77 - 1 Eterna-Damenuhr, Anker-Stabwerk, 750 1925-1930
77 - 2 Omega-Herrenuhr, Anker, 585 Gold 1925-1930
77 - 3 Damenuhr, Deutschland, 585 Gold 1925-1930

78 - 1 Armbanduhrwerk mit Stoßsicherung 1945-1955
79 - 1 Alpina-Herrenuhr, Anker, Stoßsicherung 1935-1940
79 - 2 Dubois-Herrenuhr, Anker, Stoßsicherung 1935-1940
80 - 1 Omega-Damenuhr, Anker, 585 Gold 1930-1935
80 - 2 Damenuhr, Schweiz, Cylinder-Stabwerk 1930-1935
80 - 3 Alpina-Herrenuhr, Anker, Stahl 1930-1935
81 - 1 Damenuhr, Stabwerk, 585 Gold 1935-1940
81 - 2 Eterna-Herrenuhr, Anker, verchromt 1935-1940
81 - 3 Herrenuhr, Deutschland, Anker, Doublé 1935-1940

82 - 1 Uhrgehäuse, wassergeschützt 1940-1950
83 - 1 Eterna-Damenuhr, Anker, Stahl, wassergeschützt 1940-1945
83 - 2 Minerva-Herrenuhr, Anker, Stahl, wassergeschützt 1940-1945
84 - 1 Regula-Damenuhr, Anker, 585 Gold 1940-1950
84 - 2 Eterna-Damenuhr, Anker, Stahl 1935-1945
84 - 3 Herrenuhr, Deutschland, Anker, Doublé 1935-1945
85 - 1 Herrenuhr, Schweiz, Anker, Doublé 1940-1950
85 - 2 Marvin-Herrenuhr, Anker, Stahl 1945-1950
85 - 3 Ernest Borel-Herrenuhr, Anker, Stahl 1940-1950

86 - 1 Armbanduhrwerk 1960-1965
87 - 1 Junghans-Herrenuhr, Chronometer, 585 1955-1965
87 - 2 IWC-Herrenuhr, Anker, 750 Gold 1950-1960
88 - 1 Chopard-Damenuhr, Anker, 585 Gold 1950-1960
88 - 2 Universal-Damenuhr, Anker, 750 Gold 1950-1960
88 - 3 Omega-Herrenuhr, Anker, 585 Gold 1950-1960
89 - 1 Arsa-Herrenuhr, Anker, 750 Gold 1950-1960
89 - 2 Damenuhr, Schweiz, Stiftanker, Doublé 1940-1950
89 - 3 Kienzle-Herrenuhr, Stiftanker, verchromt 1950-1960

90 - 1 Armbanduhrwerk, extra-flach 1965-1975
91 - 1 Omega-Herrenuhr, Anker, 750 Gold 1960-1965
91 - 2 Eterna-Herrenuhr, Anker, 585 Gold 1965-1975
92 - 1 Dugena-Herrenuhr, Anker, Doublé 1970-1975
92 - 2 Dugena-Herrenuhr, Anker, 585 Gold 1965-1970

Inhalt

Uhrensammlung „Juwelier Schmeltzer"

Seite + Nr. Herstellungszeitraum

92 - 3 Omega-Herrenuhr, Anker, Doublé 1965-1970
92 - 4 Favre-Leuba-Herrenuhr, 2 Zugfedern, Doublé 1965-1970
93 - 1 Omega-Damenuhr, Anker, Stahl 1965-1970
93 - 2 Omega-Herrenuhr, Anker, Stahl 1965-1970
93 - 3 Omega-Damenuhr, Anker, 750 Weißgold 1970-1975

94 - 1 Armbanduhr mit Kunststoffgehäuse 1970-1975
95 - 1 Omega-Damenuhr, Anker, 585 Gold 1975-1980
95 - 2 Omega-Damenuhr, Anker, Stahl 1975-1980
96 - 1 Dugena-Damenuhr, Anker, Silber 1975-1980
96 - 2 Tissot-Herrenuhr, Anker, Doublé 1975-1980
96 - 3 Tissot-Herrenuhr, Anker, 585 Gold 1975-1980
97 - 1 Dugena-Damenuhr, Anker, rhodiniert ... 1970-1975
97 - 2 Dugena-Damenuhr, Anker, Doublé 1975-1980
97 - 3 Maurice Guerdat-Damenuhr, Doublé 1975-1980

8.: Armbanduhren mit automatischem Aufzug

98 - 1 Armbanduhrwerk, Rotor-Automatic 1950-1960
99 - 1 Eterna-Herrenuhr, Pendel-Automatic, Gold/Stahl 1945-1955
99 - 2 Omega-Herrenuhr, Pendel-Automatic, Stahl 1945-1955
100 - 1 Eterna-Damenuhr, Gold-Rotor, 750 Gold 1955-1960
100 - 2 Omega-Herrenuhr, Rotor-Automatic, 585 Gold 1955-1960
100 - 3 Tissot-Herrenuhr, Rotor-Automatic, 585 Gold 1955-1960
101 - 1 Dugena-Herrenuhr, Automatic, 585 Gold 1965-1970
101 - 2 Dugena-Damenuhr, Automatic, 585 Gold 1965-1970
101 - 3 Rolex-Herrenuhr, Automatic, Gold/Stahl 1950-1965
101 - 4 Dugena-Herrenuhr, Planetenrotor, Dbl. 1960-1965
102 - 1 Alpina-Herrenuhr, Automatic, Stahl 1970-1975
102 - 2 Eterna-Damenuhr, Automatic, Stahl 1970-1975
102 - 3 Dugena-Herrenuhr, Automatic, Stahl 1970-1975
102 - 4 Certina-Herrenuhr, Automatic, Doublé .. 1965-1975
103 - 1 Eterna-Herrenuhr, Automatic, Gold/Stahl 1970-1975
103 - 2 Revue-Herrenuhr, Skelett-Automatic 1970-1975
103 - 3 Dugena-Herrenuhr, Vacuum-Automatic 1970-1975
103 - 4 Ulysse-Nardin-Herrenuhr, Chronometer 1970-1975
104 - 1 Omega-Herrenuhr, Chronometer, Stahl 1975-1980
104 - 2 Omega-Herrenuhr, Automatic, Stahl 1975-1980
104 - 3 Omega-Damenuhr, Automatic, Stahl 1975-1980
105 - 1 Eterna-Damenuhr, Automatic, 585 Gold 1975-1980
105 - 2 Eterna-Herrenuhr, Automatic, Stahl 1975-1980
105 - 3 Lip-Herrenuhr, Automatic, Messing 1975-1980
105 - 4 Mido-Herrenuhr, Automatic, Stahl 1975-1980

9.: Meisterarbeiten an Uhrwerken und Uhrgehäusen

106 - 1 Uhrmacher-Meisterprüfung an Cortebert-Taschenuhr 1950-1955
107 - 1 Uhrmacher-Gesellenprüfung an Dugena-Herrenuhr 1955-1960
107 - 2 Uhrmacher-Meisterprüfung an IWC-Werk/Gehäuse 1960-1965
108 - 1 Skelett-Uhrwerk, Schweiz, Handarbeit .. 1975-1980
109 - 1 Anhängeruhr, Gehäuse-Zifferblatt-Krone/Handarbeit ... 1978-1979

Inhalt

Uhrensammlung „Juwelier Schmeltzer"

Seite + Nr. — Herstellungszeitraum

10.: Armbanduhren mit Stoppwerk, mechanisch

110 - 1 Armbanduhrwerk, Chronograph 1945-1955
111 - 1 Eterna-Chronograph, 12 Std.-Stoppwerk, 750 Gold 1950-1955
111 - 2 Zenith-Chronograph, 12 Std.-Stoppwerk, Stahl 1960-1970
112 - 1 Chronograph, Schweiz, 30 Min.-Stoppwerk, 750 Gold 1955-1960
112 - 2 Omega-Herrenuhr mit Sekunden-Stoppzeiger, Stahl 1965-1975
113 - 1 Omega-Chronograph, 12 Std.-Stoppwerk, Stahl 1965-1975
113 - 2 Omega-Chronograph, 12 Std.-Stoppwerk, Stahl 1960-1970
113 - 3 Omega-Chronograph, 12 Std.-Stoppwerk, Stahl .... nach 1980
114 - 1 Dugena-Chronograph, 30 Min.-Stoppwerk, Doublé 1970-1975
114 - 2 Dugena-Chronograph, 30 Min.-Stoppwerk, Stahl 1970-1975
114 - 3 Dugena-Chronograph, 30 Min.-Stoppwerk, Stahl 1970-1975
115 - 1 Omega-Chronograph, Automatic, Kalender, Stahl 1975-1980
115 - 2 Heuer-Chronograph, Automatic, Kalender, Stahl 1970-1980

11.: Armbanduhren mit Kalender, Mond, Wecker, Tauchring, mechanisch

116 - 1 Armbanduhrwerk, Kalender, Mondphase 1945-1955
117 - 1 Herrenuhr, Schweiz, Kalender, Doublé 1945-1950
117 - 2 Herrenuhr, Schweiz, Monat-Tag-Kalender 1940-1950
117 - 3 Herrenuhr, Schweiz, Mondphase-Kal. ... 1945-1950
118 - 1 Cyma-Militäruhr, wassergeschützt, Stahl 1935-1945
118 - 2 Zenith-Militäruhr, wassergeschützt, Stahl 1940-1950
119 - 1 Doktoruhr, Schweiz, 3 Zifferblätter 1940-1950
119 - 2 Herrenuhr, Schweiz, Rechenschieber ... 1965-1975
120 - 1 Herrenuhr, Schweiz, Parkzeitwecker 1960-1970
120 - 2 Dugena-Herrenuhr, Wecker, Doublé 1965-1975
121 - 1 Enicar-Herrenuhr, Automatic, Wecker ... 1970-1975
121 - 2 Dugena-Herrenuhr, Automatic, Wecker. 1970-1975
122 - 1 Dugena-Taucheruhr, Automatic, Tiefenmesser, Stahl 1965-1975
122 - 2 Dugena-Taucheruhr, Automatic, Stahl .. 1970-1975
123 - 1 Tissot-Herrenuhr, Kunststoffwerk 1970-1975
123 - 2 Digital-Damenuhr, Deutschland 1970-1975

12.: Schmuck-, Anhänger- und Spangenuhren, mechanisch

124 - 1 Chopard-Anhängeruhr, Goldblatt, Diamanten, 750 Gold 1970-1980
124 - 2 Maurice-Guerdat-Uhr im US-Dollar, Sprungdeckel 1970-1975
124 - 3 Chopard-Sprungdeckel-Anhängeruhr, Silber 1970-1980
125 - 1 Schmuck-Anhängeruhr, Deutschland, Silber 1975-1980
125 - 2 Silberbarren-Anhängeruhr, Deutschland 1975-1980
125 - 3 Spangenuhr, Schmuckdeckel, Silber, Deutschland 1975-1980
125 - 4 Anhängeruhr, Dugena, Plaqué, Replica 1975-1980

13.: Elektronische Armbanduhren mit Unruh oder Stimmgabel

126 - 1 Armbanduhrwerk, elektronisch, Unruh . 1960-1965
127 - 1 Herrenuhr, Deutschland, Unruh, 585 Gold 1960-1965
127 - 2 Tissot-Herrenuhr, Unruh, Stahl 1965-1975
127 - 3 Junghans-Herrenuhr, Unruh, Stahl 1965-1970
128 - 1 Armbanduhrwerk, elektronisch, Stimmgabel 1970-1975
128 - 2 Bulova-Stimmgabeluhr, Schweiz, Stahl 1965-1970
129 - 1 Omega-Chronograph, Stimmgabel, Stahl 1975-1980
129 - 2 Omega-Herrenuhr, Stimmgabel, Stahl . 1970-1975

14.: Quarz-Armbanduhren, Digital-LED/LCD, Analog

130 - 1 Pulsar-Armbanduhrwerk, Quarz-LED 1970-1975
130 - 2 Pulsar-Herrenuhr, Quarz-LED, Stahl 1970-1975
130 - 3 Pulsar-Rechner, Quarz-LED, Stahl 1970-1975
131 - 1 Omega-Herrenuhr, Quarz-LED 1970-1975
131 - 2 Lip-Herrenuhr, Quarz-LED, Aluminium 1970-1975
132 - 1 Zenith-Herrenuhr, Quarz-LED und Analog, Stahl 1975-1980

133 - 1 Armbanduhrwerk, Quarz-LCD 1975-1980
133 - 2 Mondaine-Herrenuhr, LCD, Stoppwerk, Stahl 1975-1980
134 - 1 Dugena-Herrenuhr, LCD, Alarm, Stoppwerk, Stahl 1975-1980
134 - 2 Seiko-Herrenuhr, LCD, Alarm, Weltzeit, Stahl 1975-1980
134 - 3 Dugena-Herrenuhr, LCD, Doublé 1975-1980
135 - 1 Dugena-Herrenuhr, LCD + Analog, Alarm, Stahl .... um 1980
135 - 2 Seiko-Damenuhr, LCD + Analog, Alarm, Stahl .... um 1980

136 - 1 Armbanduhrwerk, Quarz-Analog, ... 1975-1980
136 - 2 Omega-Herrenuhr, Quarz-Analog, Stahl 1975-1980
137 - 1 Omega-Herrenuhr, Quarz-Analog, Stahl 1975-1980
137 - 2 Omega-Damenuhr, Quarz-Analog, Stahl 1975-1980
137 - 3 Omega-Herrenuhr, Quarz-Analog, Stahl 1975-1980
138 - 1 Eterna-Herrenuhr, Quarz-Analog, 750 1975-1980
138 - 2 Eterna-Damenuhr, Quarz-Analog, Stahl 1975-1980
138 - 3 Eterna-Herrenuhr, Quarz-Analog, Stahl 1975-1980
139 - 1 Seiko-Herrenuhr, 2 Quarze/Analog, ... um 1980
139 - 2 Seiko-Herrenuhr, Quarz-Analog-Chronograph .... um 1980
140 - 1 Omega-Herrenuhr, Quarz-Analog, Stahl 1975-1980
140 - 2 Omega-Herrenuhr, Quarz-Analog, Doublé .... um 1980
140 - 3 Dugena-Damenuhr, Quarz-Analog, 585 1975-1980
141 - 1 Eterna-Damenuhr, Quarz-Analog, Stahl um 1980
141 - 2 Eterna-Herrenuhr, Quarz-Analog, Gold/Stahl .... um 1980
141 - 3 Eterna-Herrenuhr, Quarz-Analog-Wecker um 1980

Inhalt

Uhrensammlung „Juwelier Schmeltzer"

Seite + Nr. — Herstellungszeitraum

Die Geschichte der tragbaren Uhr

Tragbare Uhren, die durch Verkleinerung von Tischuhren mit Federzug entwickelt wurden, gab es schon seit etwa 1450, also schon vor der Zeit des Nürnberger Uhrmachers Peter Henlein. Diese kleinen Tischuhren nannte man Dosenuhren oder, wenn sie mit einer Öse zum Umhängen versehen waren, Halsuhren. Sie hatten eine Spindelhemmung mit Unruh, die durch zwei Schweinsborsten zurückgefedert wurde und durch diese auch reguliert werden konnte. Ein häufig durchbrochener Deckel über dem Zifferblatt schützte den Stundenzeiger vor Beschädigung.

Mit der Erfindung der Spiralfeder um 1675 wurden die beiden Schweinsborsten überflüssig. Die Halsuhren konnten weiter verkleinert werden und liefen zuverlässiger und ganggenauer. Man trug die Uhr etwa ab 1730 zusammen mit Petschaft und Uhrschlüssel am Gürtel.

Die Gehäuseform der Schlüsseluhr veränderte sich soweit, daß sie bequem in der Hosen- oder Jackentasche getragen werden konnte und nun den Namen „Taschenuhr" erhielt. Ab 1780 war es für den Mann allgemein üblich, seine Uhr in der Tasche zu tragen. Nur die zur Sicherung vor Fall oder Verlust dazu getragene Uhrkette zeigte den Träger als stolzen Besitzer einer Taschenuhr. Die Damen trugen ihre kleine Taschenuhr an einer Kette um den Hals, an einer Brosche oder einfach an ihrem Gürtel.

Mehrere Jahrhunderte lang waren Halsuhr, Gürteluhr und Taschenuhr nicht nur Zeitmesser, sondern vorwiegend Ausdruck für Wohlstand, Macht und Fortschritt.

Viele Uhrmachergenerationen erarbeiteten Systeme zur Verbesserung der Genauigkeit von Taschenuhren. Zum Stunden- und Minutenzeiger kam der Sekundenzeiger. Das Industriezeitalter verlangte exakt laufende Präzisionsuhren, so daß schon vor 1900 sehr gute Taschenuhren Gangergebnisse von weniger als einer Sekunde Toleranz täglich erreichten. Schlag-, Stopp- und Weckwerke sowie Kalenderanzeigen machten diese noch begehrter. Nicht selten wurde eine Taschenuhr zum kostbaren Schmuckstück und Wunderwerk der Uhrmacherkunst. Die ab Mitte des 19. Jahrhunderts gefertigten kleinen Werke für Damen-Taschenuhren sind als Vorläufer der Armbanduhr anzusehen. Die schon vor 1900 in der Schweiz in kleinen Serien hergestellten ersten „Armbanduhren" für Soldaten und Sportler hatten diese kleinen Taschenuhrwerke.

Die Armbanduhr konnte sich vor 1915 nur langsam durchsetzen. Dann allerdings trat sie innerhalb von zwei Jahrzehnten ihren Siegeszug an. Ab 1935 übertrafen die Produktionszahlen der Armbanduhr die der Taschenuhren, bis schließlich ab 1940 die Taschenuhr keine Bedeutung mehr hatte.

In den Jahren 1930 bis 1960 vollzog sich die technische Vervollkommnung der Armbanduhr. Automatische, sehr kleine oder sehr flache Gebrauchsuhren entstanden als wahre Wunderwerke der Feinmechanik. Die Erfindung der batteriebetriebenen Armbanduhr in den 50er Jahren und schließlich die Großserienproduktion der quarzgesteuerten Uhr brachten innerhalb von zwei Jahrzehnten noch einmal eine technische Revolution der Gebrauchsuhr.

Die Faszination der mechanischen Uhr konnte allerdings von der elektronischen Armbanduhr trotz ihrer großen Genauigkeit nicht genommen werden. Im Gegenteil — Rückbesinnung auf Werte früherer Generationen und die handwerkliche Kunst vergangener Zeiten sorgen wieder für ein steigendes Interesse an guten mechanischen Uhren.

Cylinder-Taschenuhr-Räder

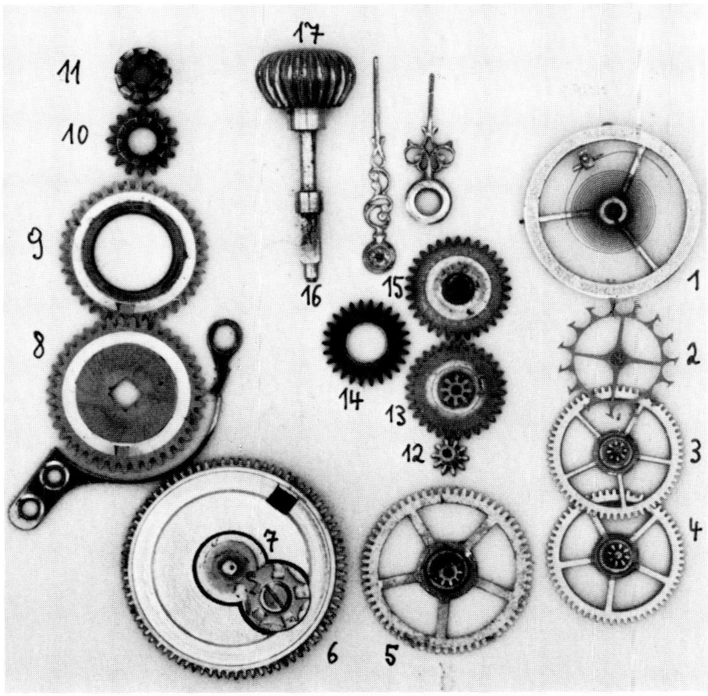

Die beweglichen Teile einer Cylinderuhr mit Kronenaufzug von ca. 1875 bis 1900

1. Unruh mit Spiralfeder
2. Cylinderrad
3. Sekundenrad
4. Kleinbodenrad
5. Minutenrad
6. Federhaus mit Zugfeder
7. Malteser-Kreuz
8. Sperrad, Sperrklinke, Sperrfeder
9. Kronrad
10. Transmissionsrad
11. Rainurerad
12. Minutenrohr
13. Wechselrad
14. Zeigerstellrad
15. Stundenrad
16. Aufzugwelle
17. Krone

Bezeichnung der Werkgruppen:

1	Schwingsystem
2	Hemmrad
3, 4, 5	Räderwerk
6, 7	Antrieb
8 - 11, 16	Aufzug
12 - 15	Zeigerwerk

Anker-Taschenuhr-Räder

Die beweglichen Teile einer Anker-Taschenuhr mit Schlüsselaufzug von ca. 1850 bis 1875

1. Kompensations-Unruh mit Spiralfeder
2. Kolbenzahn-Anker mit Gegengewicht
3. Ankerrad
4. Sekundenrad
5. Kleinbodenrad
6. Minutenrad
7. Zeigerwelle
8. Federhaus
9. Sperrklinke, Sperrad, Sperrfeder
10. Minutenrohr
11. Wechselrad
12. Stundenrad
13. Schlüssel

Bezeichnung der Werkgruppen:

1	Schwingsystem
2, 3	Hemmung
4, 5, 6	Räderwerk
7, 10 - 12	Zeigerwerk
8	Antrieb
9	Gesperr

Handaufzug-Armbanduhr-Räder

Die beweglichen Teile einer Armbanduhr mit Handaufzug von ca. 1955 bis 1965

1. Unruh mit Spirale
2. Kolbenzahn-Anker
3. Ankerrad
4. Sekundenrad für Zentralsekunde
5. Kleinbodenrad
6. Minutenrad
7. Federhaus mit Zugfeder
8. Sperrad
9. Sperrklinke, Sperrfeder
10. Kronrad
11. Transmissionsrad
12. Rainurerad
13. Zeigerstellrad
14. Minutenrohr
15. Wechselrad
16. Stundenrad
17. Aufzugwelle
18. Krone

Bezeichnung der Werkgruppen:

1	Schwingsystem
2, 3	Hemmung
4, 5, 6	Räderwerk
7	Antrieb
8 - 12, 17	Aufzug
13 - 16	Zeigerwerk

Mechanische Armbanduhren mit Handaufzug bestehen aus über 100 Einzelteilen, die in mehr als 700 Arbeitsgängen mit über 500 Werkzeugen angefertigt und zusammengesetzt werden.

Automatic-Armbanduhr-Räder

Die beweglichen Teile einer Armbanduhr mit automatischem Aufzug von ca. 1960 bis 1970

1. Unruh mit Spirale
2. Anker
3. Ankerrad
4. Sekundenrad
5. Kleinbodenrad
6. Minutenrad
7. Federhaus
8. Sperrad
9. Kronrad
10. Transmissionsrad
11. Rainurerad
12. Aufzugwelle
13. Krone
14. Antriebsrad
15. Reduktionsrad
16. Klinkenrad
17. Klinkenrad
18. Rotor
19. Viertelrohr mit Antriebsrad
20. Zeigerstellrad
21. Wechselrad
22. Stundenrad
23. Datumschaltrad
24. Datumrad
25. Datum-Schnellschaltrad
26. Kalenderscheibe

Bezeichnung der Werkgruppen:

1	Schwingsystem
2, 3	Hemmung
4, 5, 6	Räderwerk
7	Antrieb
8 - 12	Aufzug
14 - 18	Automatischer Aufzug
19 - 22	Zeigerwerk
23 - 26	Kalender

Automatische Armbanduhren mit Kalenderanzeige bestehen aus über 200 Einzelteilen, die in mehr als 1300 Arbeitsgängen mit über 1000 Werkzeugen angefertigt und zusammengesetzt werden.

Unruh-Elektronik-Armbanduhrwerk

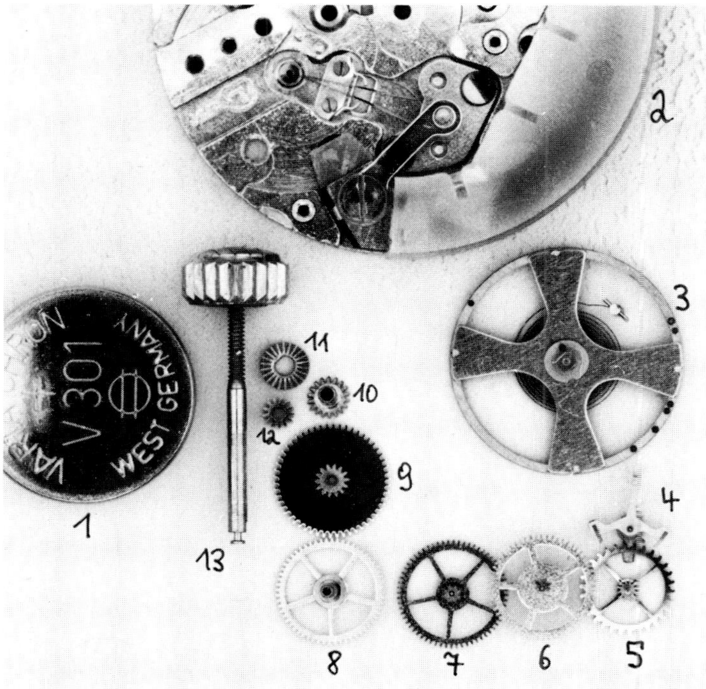

Die beweglichen Teile einer Armbanduhr mit Batterieantrieb und Unruhmotor von ca. 1965 bis 1975

1. Batterie
2. Grundplatte mit elektronischem Bausatz
3. Unruh mit Spirale
4. Anker (der die Unruhschwingung auf das Räderwerk überträgt)
5. Ankerrad
6. Sekundenrad
7. Kleinbodenrad
8. Minutenrad
9. Wechselrad
10. Minutenrohr
11. Zeigerstellrad
12. Zeigerstellrad
13. Zeigerstellwelle

Bezeichnung der Werkgruppen:

3, 4, 5 Unruhmotor
6, 7, 8 Räderwerk
9 - 13 Zeigerwerk

Quarz-Analog-Armbanduhrwerk

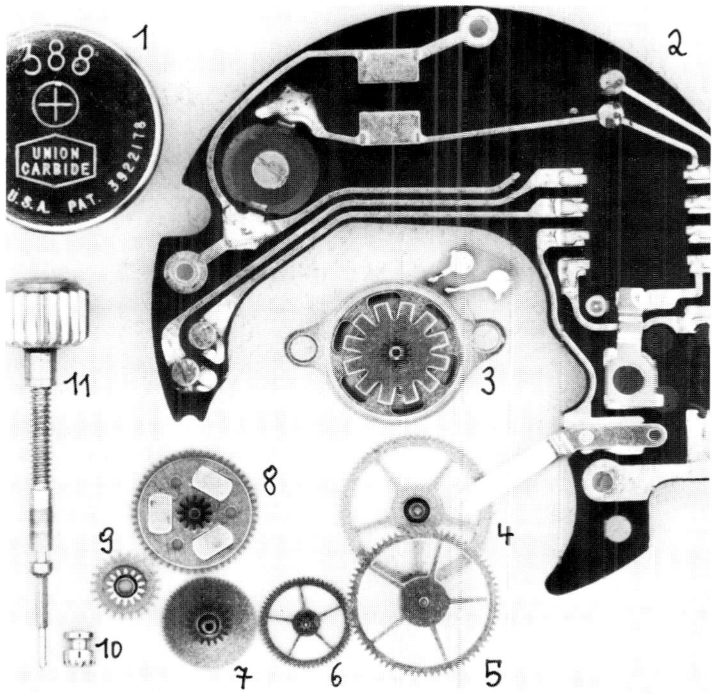

Die beweglichen Teile einer Armbanduhr mit Batterieantrieb und Quarz-Steuerung von ca. 1975 bis 1980

1. Batterie
2. Modul mit Schwingquarz
3. Schrittschaltmotor

4, 5, 6 Räderwerk
7 - 10 Zeigerwerk
11 Zeigerstellwelle

Bezeichnung der Werkgruppen:

2. Elektronischer Bausatz
3. Motor

4 - 6 Räderwerk
7 - 10 Zeigerwerk

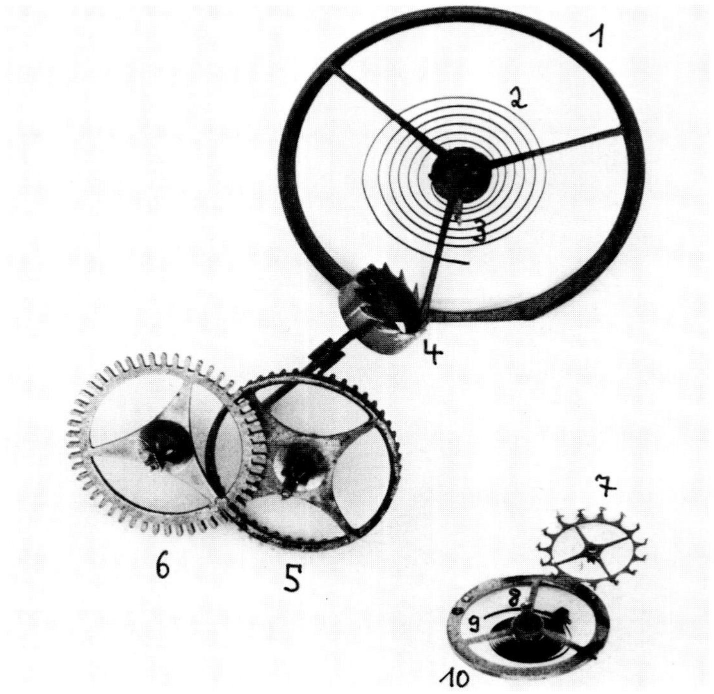

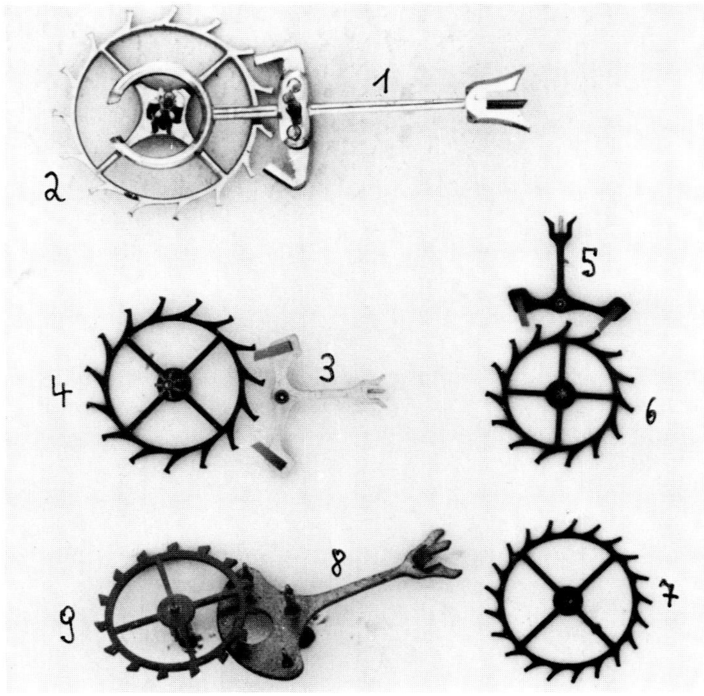

Hemmungen von mechanischen Taschenuhren

Die Aufgabe der Hemmung ist es, den schnellen Ablauf der Räder einer Uhr zu „hemmen" und die Drehbewegung des Räderwerkes in eine Schwingbewegung der Unruh zu übertragen.

Die Spindelhemmung: *bis 1845 verwendet.*

Eine unkomplizierte Hemmung, die jedoch nur ungenaue Gangergebnisse liefert und daher nach 1845 nicht mehr verwendet wurde.

Die Chronometerhemmung: *1775-1915*

Diese Hemmung erreichte hervorragende Gangergebnisse, konnte sich aber wegen ihrer Empfindlichkeit in der Taschenuhr nicht durchsetzen.

Die Spitzzahn-Ankerhemmung: *1800-1900*

Sie fand in guten Uhren Verwendung, bis sie von der robusteren Kolbenzahn-Ankerhemmung verdrängt wurde.

Foto oben: *1, 2 Spindelunruh; 3, 4 Spindelhemmung; 5, 6 Räderwerk; 7, 8 Cylinderhemmung; 9, 10 Unruh, Spirale*

Foto Seite 15 links: *1. Spindel-Unruh (ca. 1800); 2. Cylinder-Unruh (ca. 1900); 3. einfache Messingunruh (ca. 1925); 4. Kompensationsunruh, Breguet-Spirale (ca. 1900); 5. Glucydur-Unruh von Herrenarmbanduhr (ca. 1950); 6. Glucydur-Unruh von Damenarmbanduhr (ca. 1950); 7. moderne, schraubenlose Unruh von Damenuhr (ca. 1975)*

Foto Seite 15 rechts: *1. Spindel-Unruh-Brücke; 2. Armbanduhr-Platine mit 4 eingepreßten Lagerrubinen; 3. Kloben mit gefaßtem Lagerrubin (von unten); 4. Brücke mit gefaßtem Lagerrubin (von unten); 5. Unruhkloben mit Regulierzeiger (ca. 1960); 6. Lagerrubine zum Einfassen (ca. 1900); 7. Lagerrubine zum Einpressen (ca. 1935); 8. Anker-Paletten; 9. Stoßsicherung (Lochstein, Deckstein, Feder); 10. Incabloc-Stoßsicherung*

Hemmungen von mechanischen Taschen- und Armbanduhren

Die Cylinderhemmung: *1795-1945*

Sie liefert bessere Gangergebnisse als die Spindelhemmung und eignet sich auch für flache Werke, fand aber seit ca. 1900 nur noch in einfachen Uhren Verwendung.

Die Kolbenzahn-Ankerhemmung: *1840-heute*

Sie ist die zuverlässigste Hemmung für mechanische Uhren und wurde ab 1875 am häufigsten für tragbare Uhren verwendet. Nach Einführung der Quarzuhr haben fast alle mechanischen Armband- und Taschenuhren eine Kolbenzahn-Ankerhemmung.

Die Stiftankerhemmung: *1875-1980*

Eine Hemmung für sehr einfache Uhren, da sie mit geringerem Aufwand hergestellt werden kann. Sie unterliegt aber schnellem Verschleiß und liefert schlechte Gangergebnisse.

Außer diesen gebräuchlichen Hemmungen gab es für Taschenuhren noch einige andere Systeme, die aus verschiedenen Gründen seltener Verwendung fanden und daher hier nicht beschrieben werden. Zu ihnen gehörten die Duplexhemmung, Kommahemmung, Rechenankerhemmung sowie verschiedene Stiftanker- und Steinankerhemmungen.

1. Rubin-Anker mit verdeckten Paletten und Gegengewicht
2. Ankerrad (Kolbenzahn-Ankerhemmung von ca. 1850 bis 1875)
3. Anker mit sichtbaren Rubinpaletten (Taschenuhr)
4. Ankerrad (Kolbenzahn-Ankerhemmung von ca. 1900)
5. Anker mit sichtbaren Rubinpaletten (Armbanduhr)
6. Ankerrad Kolbenzahn-Ankerhemmung von ca. 1950)
7. Ankerrad (für Unruh mit erhöhter Schwingungszahl)
8. Stiftanker (ohne Rubinpaletten)
9. Ankerrad (für einfache Uhren, von ca. 1930 bis 1960)

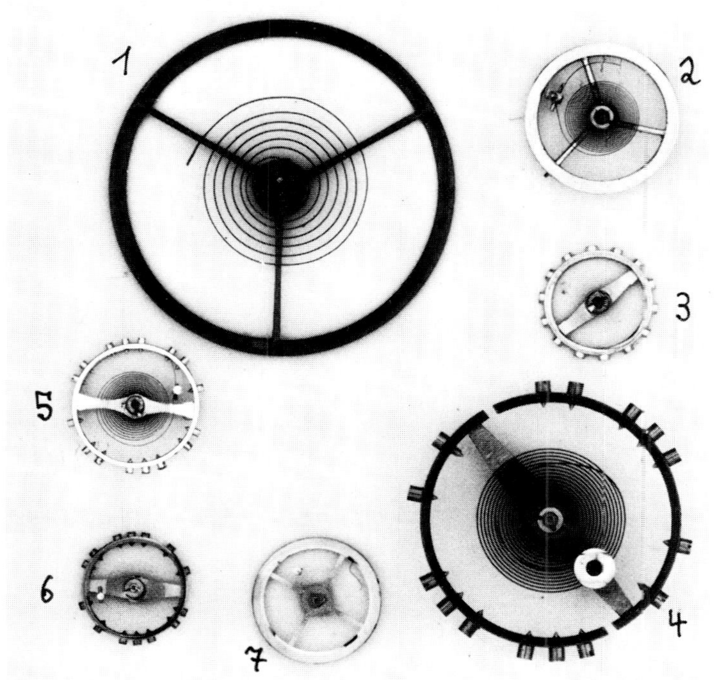

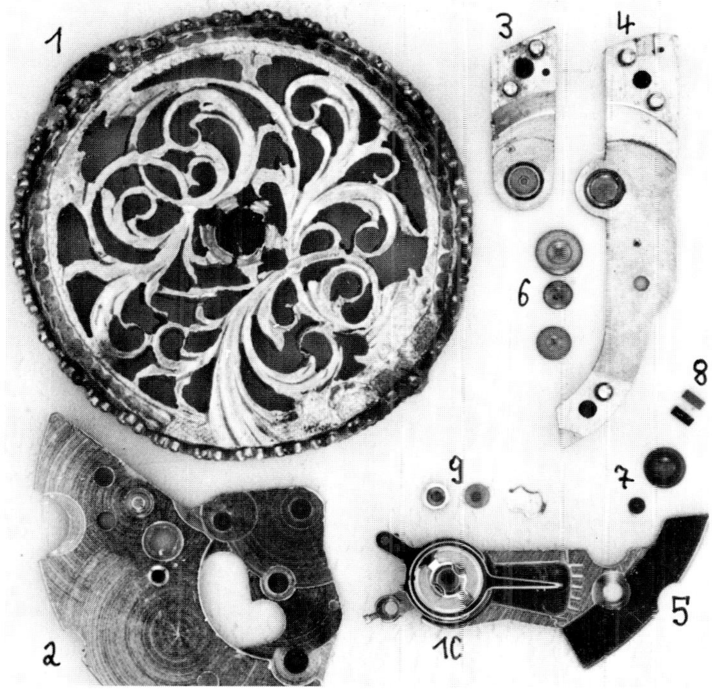

Die Unruh der mechanischen Uhr

Die Unruh der ersten tragbaren Uhren des 15. und 16. Jahrhunderts bestand aus einem an der Spindelhemmung befestigten Stab mit zwei Gewichten an dessen Ende. Später verwendete man statt des Stabes eine Radunruh mit drei Schenkeln. Die anfangs zur Schwingung dieses Rades benutzten beiden Schweinsborsten wurden nach 1675 durch die Spiralfeder ersetzt.
Über 300 Jahre Entwicklungsgeschichte führten zu einer ständigen Verbesserung der Unruh und Spiralfeder bis zu den Hochfrequenz-Schwingsystemen moderner Armbanduhren der 70er Jahre des 20. Jahrhunderts.
Einige wichtige Stationen auf diesem langen Weg der Erfindungen möchte ich nun aufzeichnen:
Ein großes Problem bildete früher der durch Temperaturunterschiede hervorgerufene Gangunterschied. Unruh und Spiralfeder dehnten sich bei Wärme aus und zogen sich bei Kälte zusammen, so daß die Uhr bei 5 Grad Temperaturunterschied etwa eine Minute Gangdifferenz täglich zeigte. Eine entscheidende Verbesserung dieses Temperaturfehlers einer Uhr erreichten die Uhrmacher Ende des 18. Jahrhunderts durch die Kompensationsunruh, deren an den Unruhschenkeln aufgeschnittener Bimetallreif den Wärmefehler von Spirale und Unruh fast vollständig ausgleicht. Diesen Unruhreifen findet man ab etwa 1820 bis 1940 häufig bei guten Uhren. Da sich der äußere Messingteil des Unruhreifens stärker ausdehnt als der innere Stahlteil, biegen sich die freien Enden des Reifens bei Wärme nach innen und gleichen so die Wärmevergrößerung von Spirale und Unruh aus. Seit dieser Zeit benutzt man an der Unruh Regulier- und Gewichtsschrauben, die versetzt werden können und einen fast genauen Ausgleich der Temperaturdifferenzen ermöglichen.

Text zu den Fotos: siehe Seite 14, links!

Die Spiralfeder der mechanischen Uhr

Ein bedeutendes Problem waren die Zeitdifferenzen zwischen kleinen und großen Unruhschwingungen, die sich durch die unterschiedliche Federspannung während des Tages ergeben. Um 1800 erfand Breguet die nach ihm benannte hochgebogene Spiralfeder (Breguet-Spirale), deren spezielle Endkurve diese Ungenauigkeit verringerte. Die 1920 erfundene Spirale aus einer Nickel-Stahl-Legierung veränderte sich nicht mehr bei Temperaturunterschieden und machte die aufwendige Kompensationsunruh für Gebrauchsuhren überflüssig. Vollkommen gelöst wurde das Temperaturproblem durch die 1935 entwickelte Glucydur-Unruh aus Beryllium-Bronze in Verbindung mit der Nivarox-Spirale aus Stahl, Nickel und Beryllium. Unruh und Spiralfeder können nun nicht mehr durch Temperatureinflüsse beeinflußt werden; die Verwendung der Kompensationsunruh als Zeichen für die hochwertige Uhr wird überflüssig. Dennoch war es bis 1965 üblich, Unruhreifen mit Gewichtsschrauben zu versehen. Nach 1970 werden Unruhen wegen des geringeren Gewichtes bei größerem Durchmesser und wegen der einfacheren Herstellung nur noch ohne Schrauben hergestellt. Mit der Erfindung der unzerbrechlichen Zugfeder „Nivaflex“ um 1950 ist auch die Verwendung der Breguet-Spirale überflüssig geworden, da über einen weiten Entspannungsweg die Nivaflex-Feder ihre Kraft gleichmäßig abgeben kann. Das ermöglicht gleichzeitig die Erhöhung der Unruhschwingung, so daß die früher übliche Schlagzahl 18000 je Stunde auf 19800, 21600 und bei modernen automatischen Armbanduhren sogar auf 36000 erhöht werden konnte. Die erhöhte Geschwindigkeit der Unruhschwingung macht die Armbanduhr ganggenauer und unempfindlicher gegen Bewegungseinflüsse. Ende der 60er Jahre ist die technische Entwicklung der mechanischen Uhr mit den entscheidenden Verbesserungen der Unruh und Spiralfeder abgeschlossen.

Johann Wolfgang von Goethe, 28. 8. 1749-22. 3. 1832

Vom 4. bis 6. Dezember 1792 besuchte Goethe die Professoren Friedrich Plessing und Blasius Merrem, die an der Duisburger Universität lehrten. Dieser Besuch muß Goethe stark beeindruckt haben, denn er schildert diese Begegnung in der 1822 erschienenen "Campagne in Frankreich" sehr ausführlich.
Goethe wurde in Frankfurt geboren, wo er seine Jugendjahre verbrachte. Nach dem Jurastudium in Leipzig und Straßburg war er bis 1775 in Frankfurt und Wetzlar als Anwalt tätig. In dieser Zeit entstanden viele seiner Werke. 1775 folgte Goethe dem Ruf des Herzogs Karl-August von Weimar, der ihn zum Staatsbeamten machte. Diese Zeit kann als Goethes Reifezeit bezeichnet werden.
Die italienische Reise 1786 bis 1788 als Flucht aus beruflichen und menschlichen Bindungen brachte Goethe die Erkenntnis, daß aller Natur und Kunst einfache Urformen zugrunde liegen.
Nach 1788 lebte Goethe mit Christiane Vulpius in freier Gemeinschaft und ab 1806 in der Ehe. Von den fünf gemeinsamen Kindern blieb nur der älteste 1789 geborene Sohn August am Leben. Goethe hatte bis 1817 die wissenschaftlichen Institute der Universität Jena unter Aufsicht und war gleichzeitig Direktor des Weimarer Hoftheaters. In diese Zeit fällt auch der Bund Goethes mit Schiller. 1808 lernte Goethe in Erfurt Napoleon kennen. Die 1814/15 unternommenen Rhein- und Mainfahrten sowie die Begegnung mit Marianne von Willemer leiteten eine neue Lebens- und Schaffensphase Goethes ein. Er vollendete seine Selbstbiographie "Dichtung und Wahrheit" und viele früher begonnene Werke. Goethe war vom gottgewirkten Sinn des Daseins und der Positivität der Welt überzeugt. Den Konflikt mit dem Unglauben bezeichnete er als das eigentliche Thema der Weltgeschichte.

Die Spindelhemmung: bis 1845

Wie schon in Tischuhren hatte sich auch in tragbaren Uhren die Spindelhemmung als zuverlässig gezeigt. So fand sie bis Ende des 18. Jahrhunderts in Taschenuhren bevorzugt Verwendung. Da die Ganggenauigkeit der Spindeluhr bei etwa 1/4 Stunde täglich lag, verfügten diese vor 1725 meist nur über einen Stundenzeiger. Anfang des 19. Jahrhunderts setzten sich Uhren mit Cylinderhemmung, bis Mitte des 19. Jahrhunderts auch mit Ankerhemmung immer mehr durch, so daß die ziemlich ungenaue Spindeluhr nach 1845 nicht mehr hergestellt wurde.

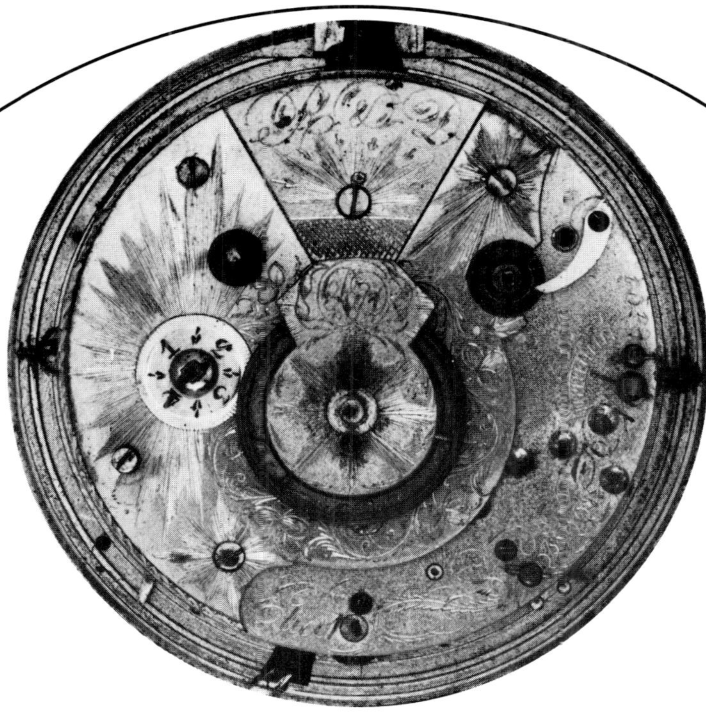

17-1 ***Spindeluhrwerk, vergoldete Rückwand,*** *Elicot, London ca. 1775-1800, Emailzifferblatt und Stahlzeiger, Kalender, 1/4-Std.-Repetierwerk auf Rückwand-Glocke, Spindelhemmung, Kette und Schnecke, gravierte und vergoldete Platine, Werk-Durchmesser 49 mm.*

18-1 ***Spindel-Taschenuhr, Silber,*** *Jaquets Droz, Schweiz ca. 1780-1820, Emailzifferblatt, Stahlzeiger, silberne Figuren auf blauem Emailuntergrund, Gehäuse mit Kordelrand und Blattrelief, vergoldetes Werk mit Kette und Schnecke, Durchmesser 44 mm, fein ausgearbeitete Spindelbrücke, Gehäusedurchmesser 55 mm.*

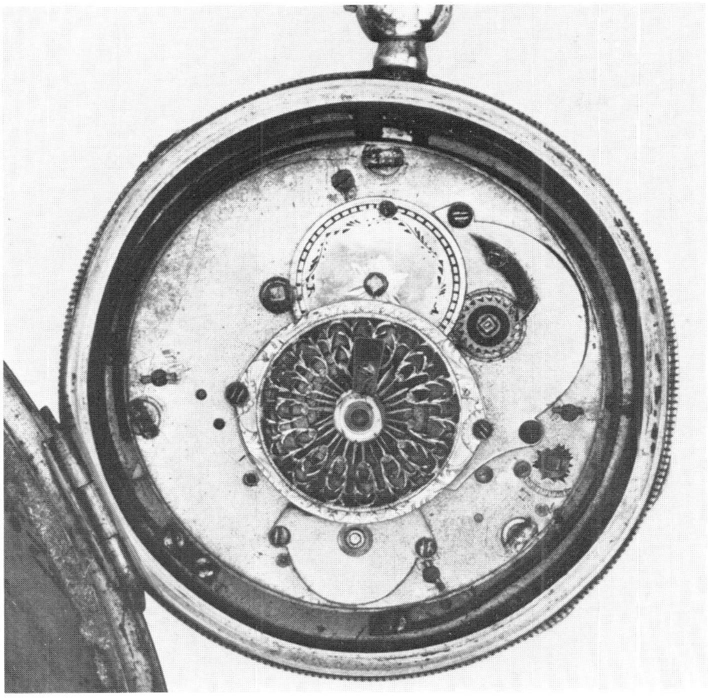

19-2 ***Spindel-Taschenuhr, Silber,*** *Schweiz ca. 1780-1820, Emailzifferblatt, Stahlzeiger, Spindelwerk mit Repetierschlag auf Tonfedern, Unruh mit Rubin-Deckstein, fein ausgesägte und gravierte Spindelbrücke, vergoldetes Werk Durchmesser 48 mm, guillochiertes und seitlich geriffeltes Gehäuse, Durchmesser 55 mm*

19-1 ***Spindel-Taschenuhr, Messing, mit Schutzgehäuse,*** *Edw. Hemming, London ca. 1800-1825, Emailzifferblatt, reich graviertes Werk Durchmesser 41 mm, Kette, Schnecke, Gehäusedurchmesser 54 mm.*

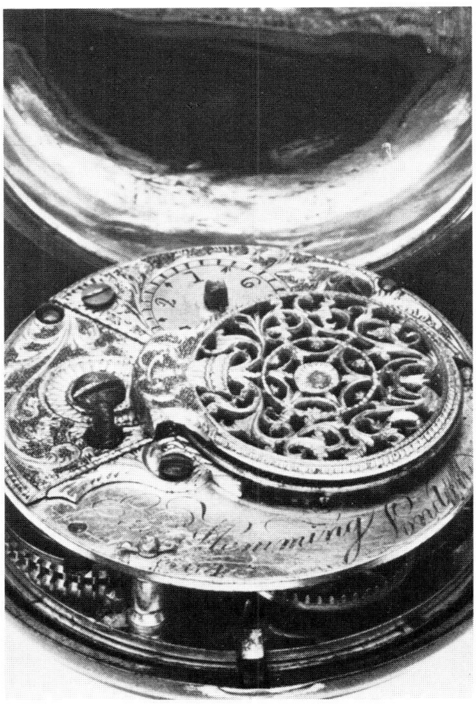

Napoleon I., 15. 8. 1769-5. 5. 1821

Am 2. November 1811 war Napoleon zu Gast in Duisburg. In der Villa des Tabakfabrikanten Arnold Böninger wurde er vom Rat der Stadt und von Vertretern der Universität empfangen. Die Stadt Duisburg und die Universität baten um den Schutz des Monarchen vor den Folgen der politischen Unruhen im Rheinland.

Napoleon I. wurde auf Korsika geboren. Nach dem Besuch einer Militärschule begann er schon 1785 seine militärische Laufbahn als Leutnant. Mit 24 Jahren wurde er General, war als Feldherr in Italien und Ägypten erfolgreich, und führte die Franzosen 1800 zum Sieg über die verbündeten Völker Europas. Er ließ sich 1804 zum Kaiser krönen, unterwarf 1806 bis 1808 Österreich, Preußen, Spanien und Portugal. Der Rußlandfeldzug im Jahre 1812 war der Wendepunkt im erfolgreichen Leben Napoleons, denn auf dem Rückzug aus Moskau verlor er sein gesamtes Heer. Nach der Völkerschlacht bei Leipzig im Oktober 1813 zogen Anfang 1814 die verbündeten Völker Europas in Frankreich ein. Napoleon mußte abdanken.

Mit seinem Wirken hat Napoleon den Werdegang Europas entscheidend beeinflußt, denn aus der kleinstaatlichen Zersplitterung entstanden in Europa große Volksgemeinschaften.

Die Cylinderhemmung: 1795-1945

Das Streben der Menschen nach immer genaueren tragbaren Zeitmessern führte um 1730 zur Entwicklung der Cylinderhemmung, die wegen des einem Schweinetrog ähnlichen Cylinders anfangs "Sautroghemmung" genannt wurde. Der Vorteil der Cylinderhemmung gegenüber der Spindelhemmung lag darin, daß diese der Unruh eine größere Drehbewegung ermöglichte. Dadurch ergab sich eine verbesserte Ganggenauigkeit der mit einer Cylinderhemmung versehenen Uhr. Außerdem kam diese Hemmung mit einer geringeren Werkhöhe aus, so daß die Herstellung flacherer Taschenuhren ermöglicht wurde. Uhren mit Cylinderhemmung erreichten Ganggenauigkeiten von ca. 1 bis 5 Minuten Differenz täglich. Ab etwa 1800 wurden immer mehr Cylinder-Taschenuhren produziert. Nach 1900 fand die Cylinderhemmung allerdings nur noch in einfachen Uhren Verwendung.

21-1 ***Damen-Cylinderuhr, 585 Gelbgold,*** *Schweiz ca. 1850-1875, Emailzifferblatt, Stahlzeiger, Schlüsselaufzug und Cylinderhemmung, 8 Rubine, vergoldetes Brückenwerk, gravierter Gehäuse-Rückdeckel, der sich auf Knopfdruck öffnet. Durchmesser 34 mm.*

22-1 ***Cylinderuhr, einfaches Messinggehäuse, vernickelt,*** *Schweiz ca. 1875-1900, Emailzifferblatt, Stahlzeiger, Cylinderhemmung, Schlüsselaufzug, 6 Rubine, Durchmesser 50 mm.*

22-2 ***Damen-Cylinderuhr, 750 Goldgehäuse,*** *Schweiz ca. 1850-1875, gravierte Rückwand, Emailzifferblatt, feine Stahlzeiger, Cylinderhemmung, Schlüsselaufzug, 8 Rubine, vergoldetes Uhrwerk, Durchmesser 37 mm.*

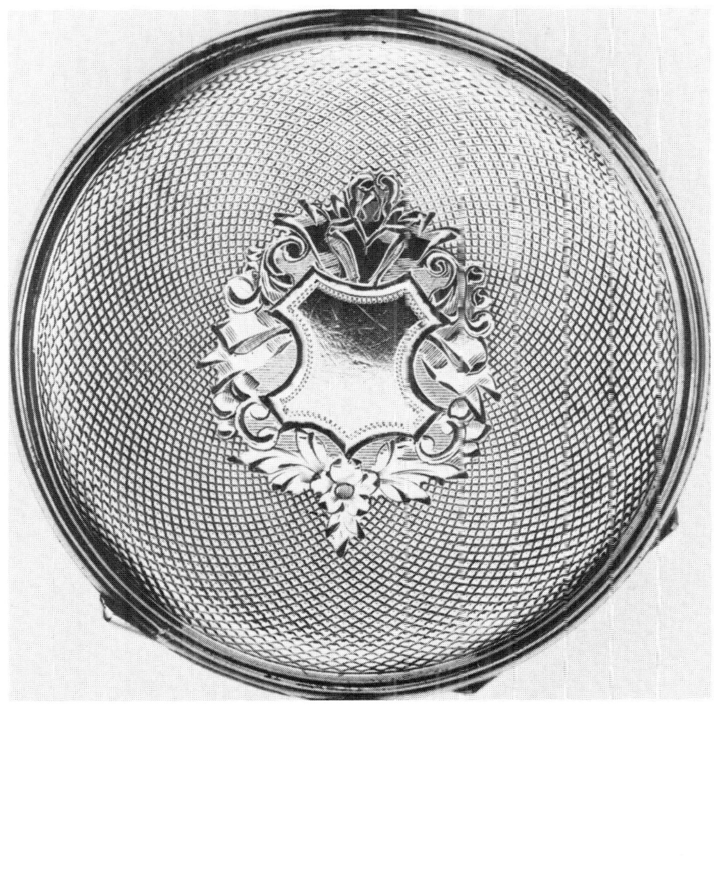

23-1 Cylinderuhr, Silbergehäuse mit Goldauflage, *Schweiz ca. 1850-1875, Emailzifferblatt, feine Stahlzeiger, Cylinderhemmung, Schlüsselaufzug, 8 Rubine, vergoldetes Werk mit graviertem Unruhkloben, Gehäuserückdeckel handgraviert, Durchmesser 47 mm.*

Friedrich-Wilhelm IV., 1795-1861

Friedrich-Wilhelm IV., 15.10.1795-2.1.1861

Am 14. August 1848 besuchte Friedrich-Wilhelm IV. auf einer Reise mit der Eisenbahn Duisburg. Friedrich-Wilhelm IV. wurde als "Romantiker auf dem Thron" bezeichnet und regierte als König von Preußen von 1840 bis 1858. In seine Amtszeit fiel die "Berliner Märzrevolution" von 1848, deren liberale Gedanken sich nicht durchsetzten. Der wissenschaftlich und künstlerisch begabte König war konservativ und pietistisch eingestellt. Seine Politik war unstet und voller Widersprüche, so daß die von ihm vertretene Idee, einen ständischen Staatsaufbau zu verwirklichen, scheiterte. Als er 1857 krank wurde, vertrat ihn sein Bruder Wilhelm I. und übernahm 1858 die Regentschaft. Friedrich-Wilhelm IV. starb 1861.

Ankeruhrwerk, Schlüsselaufzug 1850-1870

Die Kolbenzahn-Ankerhemmung: 1840-heute

Nach vielen Versuchen mit verschiedenen Formen der Ankerhemmung (Stiftanker, Rechenanker, Spitzzahnanker) fand ab 1850 die Kolbenzahnankerhemmung in der Schweiz, in Frankreich und bei Lange & Söhne / Glashütte-Sachsen für gute Uhren allgemeine Verwendung.
Die Kolbenzahnankerhemmung gestattet der Unruh eine fast vollkommen freie Bewegung, so daß mit dieser Konstruktion hervorragende Gangergebnisse erzielt werden. Außerdem sind die breiten Ankerklauen und Ankerradzähne vergleichsweise nicht mehr so empfindlich gegen Beschädigungen wie die Spitzzahn-Ankerräder oder die Hebestifte der Stiftankerhemmungen.
Die Schweizer Kolbenzahnankerhemmung ist an den beiden sichtbaren Rubin-Hebesteinen des Ankers leicht zu erkennen.
Die Glashütter Kolbenzahnankerhemmung hat im Anker versenkte, von oben unsichtbare Rubin-Hebesteine und häufig einen goldenen Anker sowie ein goldenes Ankerrad.
Mechanische Armbanduhren werden seit 1983 fast ausschließlich mit der Schweizer Kolbenzahnankerhemmung hergestellt.

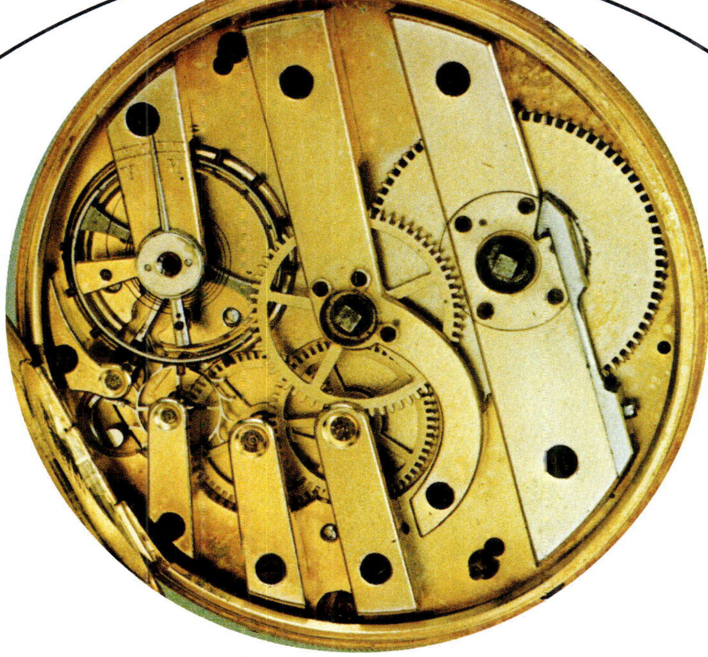

25-1 **Goldtaschenuhr, 750 Gelbgold,** Huguenin, Schweiz ca. 1850-1860, Schlüsselaufzug und frühe Ankerhemmung mit verdeckten Rubin-Hebesteinen, Emailzifferblatt und Stahlzeiger, vergoldetes Werk mit 15 Rubinen und Saphiren, Anker mit Gegengewicht, Durchmesser 45 mm.

26-1 ***Sprungdeckel-Taschenuhr, 585 Gelbgold,*** *J. F. Boutte, Schweiz ca. 1860-1870, schweres, fein guillochiertes und graviertes Gehäuse mit 3 Golddeckeln, Schlüsselaufzug mit Gleichgewichtsanker und verdeckten Rubin-Hebesteinen, Neusilber-Werk mit vergoldeten Rädern und 13 Rubinen, imitierte Kompensationsunruh, Emailzifferblatt, und vergoldete Zeiger, Durchmesser 48 mm.*

27-2 ***Silber-Taschenuhr mit vergoldetem Glasrand,*** *Schweiz ca. 1860-1880, Emailzifferblatt, Stahlzeiger, Schlüsselaufzug, Gleichgewichtsanker, Rubin-Hebesteine, schraubenlose Messingunruh, vergoldetes Werk, vernickelter Unruhkloben, Durchmesser 50 mm.*

27-1 ***Silber-Taschenuhr mit vergoldetem Bügel und Glasrand,*** *Schweiz ca. 1860-1880, vergoldetes Werk mit vernickelter, ovaler Ankerbrücke, verdeckte Rubin-Hebesteine, imitierte Kompensationsunruh, 15 Rubine, Emailzifferblatt, Stahlzeiger, Durchmesser 47 mm.*

Friedrich-Albert Lange, 1828-1875

Spitzzahnankerwerk, 1845-1855

Friedrich-Albert Lange, 28.9.1828-21.11.1875

Friedrich-Albert Lange lebte von 1832 bis 1841 als Sohn eines Pfarrers in Duisburg, verbrachte die Jahre ab 1841 in der Schweiz und war seit 1858 Gymnasiallehrer in Duisburg an der Schule, die er selbst bis zum 12. Lebensjahr besucht hatte. In Duisburg entstanden seine sozialkritischen und philosophischen Schriften. Die soziale Frage war für Lange die Kernfrage all seiner Betrachtungen. Sein Hauptwerk "Geschichte des Materialismus" und seine Zeitschrift "Bote vom Niederrhein" brachten ihm neben Anerkennung auch Anfeindungen. So folgte er 1866 einem Angebot aus der Schweiz, für die Zeitschrift "Winterthurer Landbote" zu arbeiten und in Zürich eine Professur anzunehmen. 1872 kehrte er nach Deutschland zurück und wurde Professor in Marburg, wo er 1875 verstarb.

Lange vertrat die Philosophie Kants. Er brachte den Nachweis der Grenzen des Naturalismus und beschränkte den Materialismus auf den Bereich der naturwissenschaftlichen Methode. In seinen Gedanken und Taten vereinte er Forschergeist und Einsatz für alle Hilfsbedürftigen.

In einer Zeit des Materialismus und der Entwicklung Duisburgs zur Industrie-Großstadt war Lange ein Verfechter einer idealistischen Weltanschauung.

Die Spitzzahn-Ankerhemmung: 1800-1890

Die Spitzzahn-Ankerhemmung als erste Ankerhemmung, die der Unruh eine fast freie Bewegung erlaubte, wurde um 1750 erfunden, aber erst nach verschiedenen Verbesserungen mit Beginn des 19. Jahrhunderts verwendet. Sie vereinte die Vorteile der Chronometerhemmung (freie Schwingung der Unruh und damit große Ganggenauigkeit der Uhr) mit den Vorteilen der Cylinderhemmung (für flache Taschenuhren geeignet).

Besonders in England konnte sie sich schnell durchsetzen. Englische Uhrmacher verwendeten die Spitzzahn-Ankerhemmung in guten Taschenuhren trotz ihrer gegen Beschädigung und Verschleiß anfälligen Ankerradzähne bis etwa 1890. Danach setzte sich auch dort die unempfindlichere Kolbenzahnankerhemmung durch.

29-1 ***Taschenuhr, 750 Gelbgold,*** *England ca. 1845-1855, Gelbgold-Zifferblatt, Rotgold-Ziffern und Blüten, Grüngold-Blätter. Reich graviertes Gehäuse. Spitzzahn-Ankergang, Kette und Schnecke, Diamant-Deckstein, 13 Saphire, vergoldetes und fein graviertes Uhrwerk, Schlüsselaufzug, Durchmesser 51 mm.*

Richard Wagner, 1813-1883

Richard Wagner, 22.5.1813-13.2.1883

Das am 1. August 1877 gegründete Duisburger Symphonie-Orchester, über viele Jahre nach seinem Gründer "Brandtsche Kapelle" genannt, machte es sich unter der Leitung des städtischen Musikdirektors Walther Josephson ab 1899 zur Aufgabe, die sogenannte "Neudeutsche Richtung" und damit vor allem die Musik Richard Wagners besonders zu fördern.

Wagner wurde in Leipzig geboren, arbeitete ab 1833 in Würzburg, Magdeburg, Riga und Dresden als Musikdirektor. Von 1849 bis 1858 lebte er in Zürich, danach in Venedig, Luzern, Brüssel, Paris und Wien. 1864/65 wirkte Wagner am Hof Ludwig II. in Bayern. Nach sieben Jahren Aufenthalt in Luzern siedelte er 1872 nach Bayreuth über, um den Bau eines Festspielhauses zu planen, das 1876 mit dem "Ring der Nibelungen" eingeweiht wurde. 1883 starb Wagner in Venedig.

Wagner gehört zu den bedeutendsten, aber auch umstrittensten Deutschen Komponisten. Mit seinen Opern, zu denen er auch die Texte schrieb, schuf Wagner erstmalig musikalische Gesamtkunstwerke. In seinen von der Dichtung ausgehenden Musikdramen erhält das Orchester die musikalische Hauptaufgabe.

Noch heute nehmen die Werke Wagners einen bedeutenden Platz im Opernspielplan Duisburgs ein.

Cylinderwerk, Kronenaufzug 1870-1890

Der Kronenaufzug

Ursprünglich wurde jede Taschenuhr mit Hilfe eines kleinen Schlüssels, der auf einen Vierkant des Federkernes aufgesteckt werden konnte, aufgezogen. Auch die Zeiger ließen sich mit diesem Schlüssel verstellen.

Erste Versuche, wenigstens das lästige Aufziehen mit dem Schlüssel zu vermeiden, gab es schon Mitte des 18. Jahrhunderts. Erst zwischen 1840 und 1850 gelang es verschiedenen Uhrmachern, Aufzugsysteme zu konstruieren, die über eine Aufzugkrone im Bügel der Taschenuhr sowohl den Federzug als auch die Zeigerstellung betätigen ließen.

Der Remontoir-Aufzug erlaubte über einen Knopf neben der Krone oder einen Hebel unter dem Sprungdeckel, die Krone von der Aufzugstellung auf die Zeigerstellung umzuschalten. Dieses Aufzugsystem war bis etwa 1900 in Taschenuhren üblich. Ab 1890 setzte sich der etwas aufwendigere Kronenaufzug ohne Zeigerstellknopf durch, bei dem durch Herausziehen der Krone die Zeigerstellung eingeschaltet wird und durch ihr Zurückdrücken die Uhr wieder aufgezogen werden kann.

31-1 ***Kleine Silbertaschenuhr mit graviertem Gehäuse,*** *Schweiz ca. 1880-1890, teilweise vergoldet, Emailzifferblatt, vergoldete Minutenmarkierungen, vergoldetes Cylinderuhrwerk, 6 Rubine, Kronenaufzug, Zeigerstellung über den seitlich angebrachten Drücker einzuschalten, Durchmesser 42 mm.*

32-2 Damen-Anhängeruhr, 800 Silber *Schweiz ca. 1880-1890, vergoldeter Glasrand, Emailzifferblatt, Cylinderhemmung, 6 Rubine, vergoldetes Werk, Kronenaufzug, Zeigerstellung über seitlichen Drücker, Durchmesser 34 mm.*

32-1 Damen-Anhängeruhr, 585 Gelbgold, *Schweiz ca. 1900-1910, sehr schön graviertes Gehäuse mit Email-Einlagen, Emailzifferblatt, vergoldete Stundenmarkierungen und Zeiger, vergoldetes Cylinderwerk, 10 Rubine, Kronenaufzug, Zeigerstellung über Drücker, Durchmesser 29 mm.*

33-2 ***Damen-Anhängeruhr, 585 Rotgold,*** *guillochiertes Gehäuse aus Deutschland, Cylinderwerk aus der Schweiz ca. 1890-1900, Kronenaufzug mit seitlichem Zeigerstell-Drücker, 10 Rubine, vergoldetes Werk, Emailzifferblatt, Durchmesser 29 mm.*

33-1 ***Silbertaschenuhr mit vergoldetem Glasrand,*** *Schweiz ca. 1890-1900, Emailzifferblatt, vergoldete Minutenmarkierungen und Zeiger, vergoldetes Cylinderwerk, 10 Rubine, Kronenaufzug, Zeigerstellung über Drücker, Durchmesser 47 mm.*

34-2 **Damen-Anhängeruhr, 585 Rotgold,** *Deutschland/Schweiz ca. 1900-1910, mit Blumenmotiven gravierte Gehäuserückwand, Cylinderwerk, 10 Rubine, Kronenaufzug mit Zeigerstell-Drücker, Emailzifferblatt, vergoldete Minutenmarkierungen, Durchmesser 31 mm.*

34-1 **Damen-Anhängeruhr mit Sprungdeckel,** *Schweiz ca. 1900-1910, 333 Rosé-Gold, guillochiertes und graviertes Gehäuse aus Deutschland, vergoldetes Cylinderwerk, 10 Rubine, Emailzifferblatt, vergoldete Minutenmarkierungen, Zeigerstellung durch Hebel neben dem Glasrand, Durchmesser 31 mm.*

35-1 Einfache Cylinder-Taschenuhr, Messing-vernickelt ca. 1910-1920, Schutzglas über dem Werk, vernickeltes Pfeilerwerk mit 1 Rubin, Emailzifferblatt, vergoldete Zeiger, Kronenaufzug mit Zeigerstelldrücker und Wippentechnik, Durchmesser 45 mm.

35-2 Damen-Anhängeruhr, 800 Silber-vergoldet, Schweiz ca. 1900-1910, Emailzifferblatt, vergoldete Minutenmarkierungen, vergoldetes Cylinderwerk, 10 Rubine, Kronenaufzug mit Drücker für die Zeigerstellung, Durchmesser 31 mm.

Wilhelm I., 1797-1888

Ankerwerk, Kompensationsunruh 1895-1915

Wilhelm I., 22.3.1797-9.3.1888

Im großen Sitzungssaal des Duisburger Rathauses hängt das oben abgebildete Gemälde Kaiser Wilhelm I. Der Kaiser hatte in Duisburg schon als Prinzregent viele monarchistische Anhänger, die ihm 1898 auf dem Kaiserberg ein sehr schönes Reiterstandbild als Denkmal errichteten. Leider fiel das Werk von Prof. Friedrich Reusch/Königsberg der Buntmetallverwertung im 2. Weltkrieg zum Opfer.

Wilhelm I. wurde 1797 in Berlin geboren. Er übernahm infolge der Krankheit seines Bruders Friedrich-Wilhelm IV. 1858 die Regentschaft und wurde an dessen Todestag König von Preußen. 1862 ernannte er Bismarck zum preußischen Ministerpräsidenten. Nach außenpolitischen Erfolgen konnte er mit Hilfe Bismarcks die Verfassungskonflikte mit der liberalen preußischen Abgeordnetenmehrheit siegreich beenden.

Während des Krieges gegen Frankreich 1870/71 wurde Wilhelm I. in Versailles zum "Deutschen Kaiser" ernannt. Er war konservativ, von bescheidenem Auftreten und wurde von großen Teilen der Bevölkerung verehrt. Wilhelm I. starb 1888.

Der Wärmefehlerausgleich

Ein Temperaturunterschied von 20 Grad verursacht bei einer Uhr mit Messingunruh und Stahlspirale während eines Tages eine Gangdifferenz von ca. 4 Minuten, da sich Spirale und Unruh ausdehnen bzw. zusammenziehen. Mit der Kompensationsunruh gelang es den Uhrmachern im 19. Jahrhundert, diesen Wärmefehler fast vollständig auszugleichen. Die Kompensations-(Ausgleichs-) Unruh findet man in guten Uhren seit Beginn des 19. bis zur Mitte des 20. Jahrhunderts. Sie besteht aus einem zweimetalligen Unruhreif (außen Messing, innen Stahl) mit an den Unruhschenkeln aufgeschnittenen Enden. Diese biegen sich bei Wärme nach innen, so daß die Unruh kleiner wird. Die Ausdehnung der Spirale und der Unruh wird somit ausgeglichen.

Die zwischen 1920 und 1935 neu entwickelten Legierungen für Spirale und Unruh reagieren nur noch geringfügig auf Temperaturveränderung und machen daher die Verwendung der Kompensationsunruh überflüssig.

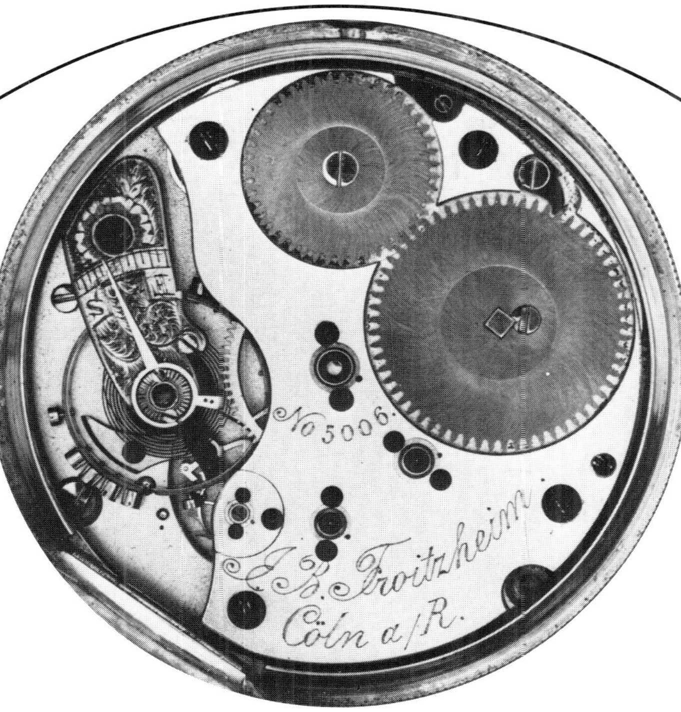

37-1 Goldtaschenuhr, 750 Gelbgold *Adolf Lange, Glashütte bei Dresden ca. 1860-1870, 2 guillochierte Deckel, Emailzifferblatt, Stahlzeiger, vergoldetes 3/4-Platinenwerk Nr. 5006 von 1869, Präzisionswerk mit Goldanker, Goldankerrad, Kompensationsunruh, Breguet-Spirale, Rubine in verschraubten Goldchatons gefaßt, Diamant-Unruhdeckstein, Unruhgewichtsschrauben in Gold, fein gravierter Unruhkloben, Durchmesser 48 mm.*

38-1 ***Taschenuhr, 800 Silber mit vergoldetem Glasrand,*** *IWCo-Schweiz ca. 1895-1905, Emailzifferblatt mit vergoldeten Zeigern und nachträglich aufgeklebten roten Zahlen 13 bis 24, Kompensationsunruh, Breguet-Spirale, 15 Rubine, Schraubchatons, vergoldetes 2/3 Platinenwerk, Kronenaufzug mit Zeigerstelldrücker, Durchmesser 51 mm.*

38-2 ***Kleine Silber-Taschenuhr mit Sprungdeckel,*** *England ca. 1880-1890, Sichtfenster, Zifferblatt auf dem Deckel und normales Emailzifferblatt mit römischen Zahlen unter einem zweiten Glas, 935 Silber, vergoldetes Brückenwerk mit Kompensationsunruh und Breguet-Spirale, Gleichgewichtsanker mit verdeckten Rubinen, Durchmesser 36 mm.*

39-1 **Einfache Taschenuhr, Roségold-Doublé,** *Waltham/USA ca. 1890-1910, vergoldetes Steinankerwerk mit 7 Rubinen, Kompensationsunruh und Breguet-Spirale, Gehäuse und Unruhkloben mit Maschinengravur, Emailzifferblatt, Stahlzeiger, Aufzug und Zeigerstellung über die Krone, Durchmesser 53 mm.*

39-2 **Gold-Taschenuhr, 750 Gelbgold,** *Schweiz ca. 1880-1900, früher Kronenaufzug mit seitlichem Knopf für die Zeigerstellung. Emailzifferblatt, Goldzeiger mit Diamantrose, vernickeltes Brückenwerk mit Gleichgewichtsanker und verdeckten Rubinpaletten, imitierte Kompensationsunruh, feine Gehäusegravur, Durchmesser 46 mm.*

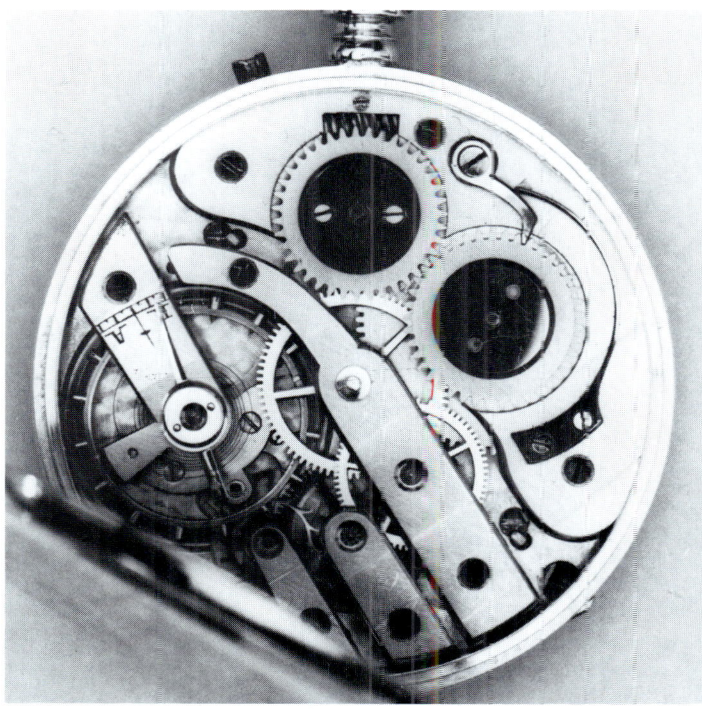

40-1 ***Silber-Taschenuhr mit Radium-Zeigern (nachträglich montiert),*** *IWC, Schweiz ca. 1890-1910, Emailzifferblatt, Rückseite verglast für Familienfoto, vergoldetes 2/3 Platinenwerk mit verschraubten Rubinchatons, Kompensationsunruh mit Goldschrauben, Breguet-Spirale, Durchmesser 52 mm.*

40-2 ***Elegante Taschenuhr mit Sprungdeckel, 800 Silber,*** *Longines, Schweiz ca. 1900-1910, mit Hundemotiven, Widmung im Innendeckel, Emailzifferblatt, arabische Zahlen, vergoldete Zeiger, Kompensationsunruh, Breguet-Spirale, Kolbenzahn-Ankerhemmung, 15 Rubine, vergoldetes Werk mit Kronenaufzug, Durchmesser 52 mm.*

41-2 Silbertaschenuhr, vergoldeter Glasrand, *Omega, Schweiz ca. 1900-1910, Emailzifferblatt, vergoldete Zeiger, Kompensationsunruh und Breguet-Spirale, vergoldetes Werk, 15 Rubine, guillochierter Gehäusedeckel, Durchmesser 50 mm.*

41-1 Eisenbahner-Taschenuhr, Nickel, *Schweiz ca. 1900-1910, schweres Gehäuse, deutliches Emailzifferblatt, breite Stahlzeiger, vergoldetes Uhrwerk mit 15 Rubinen, Durchmesser 57 mm.*

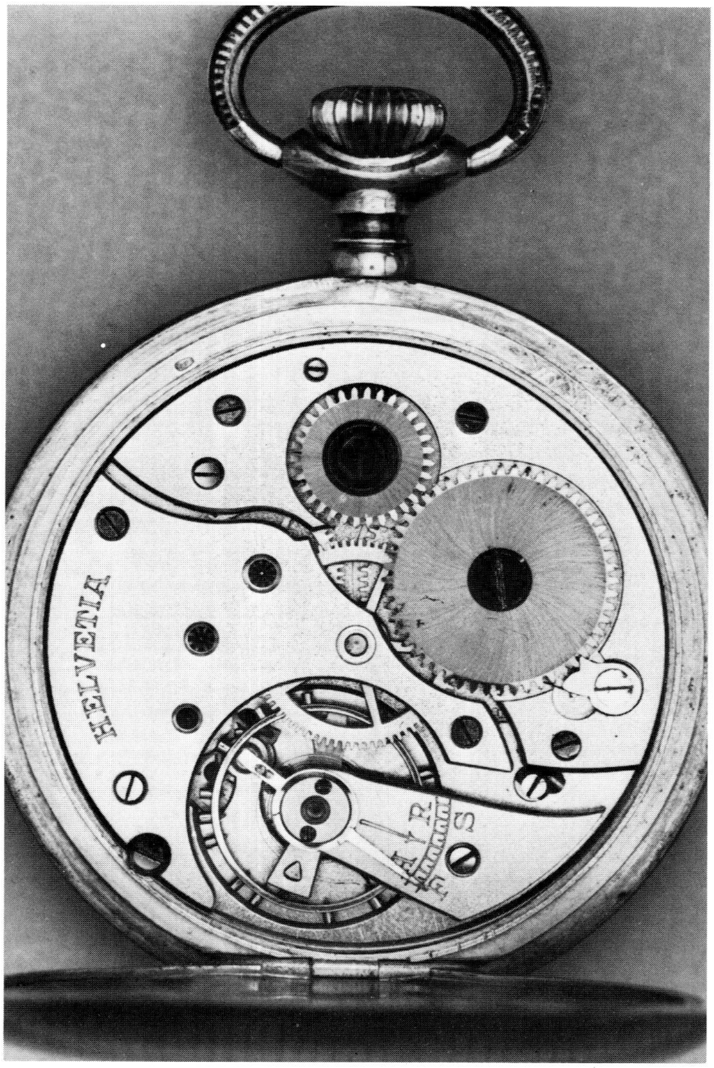

42-2 **Taschenuhr aus Eisen mit vergoldetem Glasrand und Bügel,** *Louis Brandt (Omega), Schweiz ca. 1920-1925, Emailzifferblatt, Radium-Zahlen und -Zeiger, Rückwand mit ausklappbarem Fuß, vergoldetes Werk, Steinanker, 15 Rubine, Nickel-Stahl-Spirale, Neusilber-Unruh, -Anker und -Ankerrad, Durchmesser 52 mm.*

42-1 **Sprungdeckel-Taschenuhr, 800 Tula-Silber,** *Helvetia-Schweiz ca. 1920-1925, Emailzifferblatt, vergoldete Zeiger, Nickel-Stahl-Spirale mit Messing-Unruh, vergoldetes Werk, 15 Rubine, Durchmesser 50 mm.*

43-2 ***Elegante Taschenuhr, 800 Tula-Silber,*** *Schweiz ca. 1920-1930, vergoldetes Metallzifferblatt, Stahlzeiger, versilbertes Steinankerwerk, 15 Rubine, Nickel-Stahl-Breguet-Spirale, Neusilber-Unruh, -Anker und -Ankerrad, Werkdurchmesser nur 33 mm, Durchmesser 49 mm.*

43-1 ***Taschenuhr, 900 Silber,*** *Junghans, Deutschland ca. 1920-1930, zwei Silberdeckel, Gehäuse poliert Boden guillochiert, versilbertes Werk, 15 Rubine, Nickel-Stahl Spirale, Neusilber-Unruh, Emailzifferblatt, Stahlzeiger, Durchmesser 50 mm.*

Otto von Bismarck, 1815-1898

Otto von Bismarck, 1.4.1815-30.7.1898

Otto von Bismarck wurde 1815 in Schönhausen an der Elbe geboren. Er war eine sehr starke Persönlichkeit, gehörte politisch dem rechten Flügel des Parlaments an und war ein Gegner der Revolution von 1848. Am 23. September 1862 wurde Bismarck preußischer Ministerpräsident und zwei Wochen später Außenminister. Nach jahrelangen Konflikten mit der liberalen Parlamentsmehrheit gelang es ihm 1866, das Übergewicht der Monarchie über das Parlament durchzusetzen. Er war außenpolitisch sehr erfolgreich und international angesehen. Die Freundschaftsverträge mit Rußland und Italien sowie die Vereinigung von Schleswig-Holstein, Hannover, Hessen-Kassel und Frankfurt mit Preußen gehören zu seinen großen Erfolgen.

1871 gründete Bismarck das Deutsche Reich und leitete als Reichskanzler bis 1890 die Deutsche Innen- und Außenpolitik. Die Gesetze zur Sozialversicherung entstanden mit seiner Initiative zwischen 1881 und 1889.

1895 erhielt Bismarck den Ehrenbürgerbrief von Duisburg-Meiderich. Er starb 1898 auf seinem Alterssitz.

Chronometerhemmung

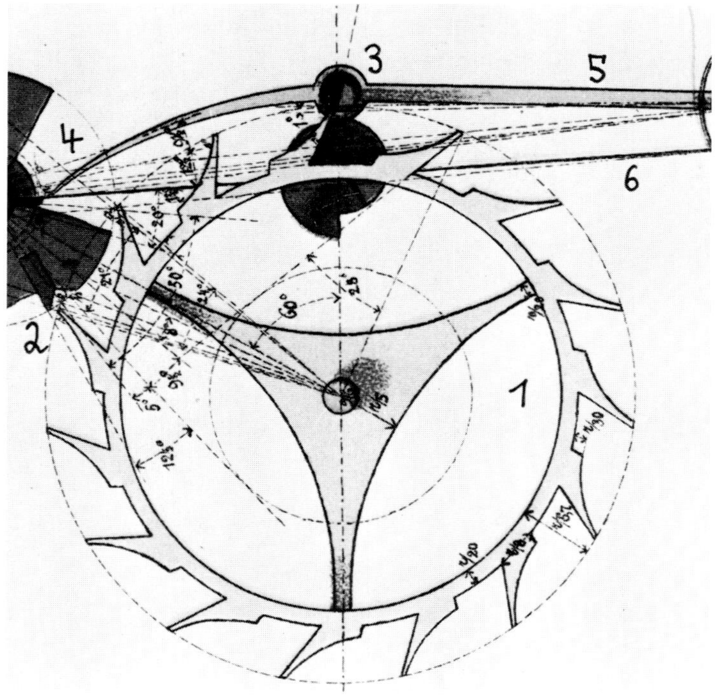

Die Chronometerhemmung: 1775-1915

Diese ursprünglich um 1765 für Schiffsuhren konstruierte Hemmung erlaubte den Seeleuten erstmalig wegen der großen Genauigkeit der mit dieser Hemmung ausgerüsteten Uhren, die Position des Schiffes präzise zu bestimmen. Der entscheidende Vorteil der Chronometerhemmung gegenüber allen anderen vorher und nachher erfundenen Hemmungssystemen für mechanische Uhren liegt in der freien Schwingung der Unruh bei direkt vom Hemmrad auf die Unruh übertragener Antriebskraft.

Auch in Taschenuhren lieferte die nach 1790 verwendete Hemmung hervorragende Gangergebnisse. Wegen ihrer großen Empfindlichkeit gegen starke Erschütterungen und der aufwendigen Herstellung hat sie sich in Taschenuhren nicht durchsetzen können. Uhren mit Chronometerhemmung sind leicht daran zu erkennen, daß der Anker fehlt und statt des sonst üblichen "Ticktack" der mechanischen Uhr nur ein leises "Tick" und lautes "Tack" zu hören ist.

1. Hemmrad
2. Unruhwelle und Hebestein
3. Ruhestein
4. Auslösestein
5. Ruhearm mit Wippenspirale
6. Goldfeder

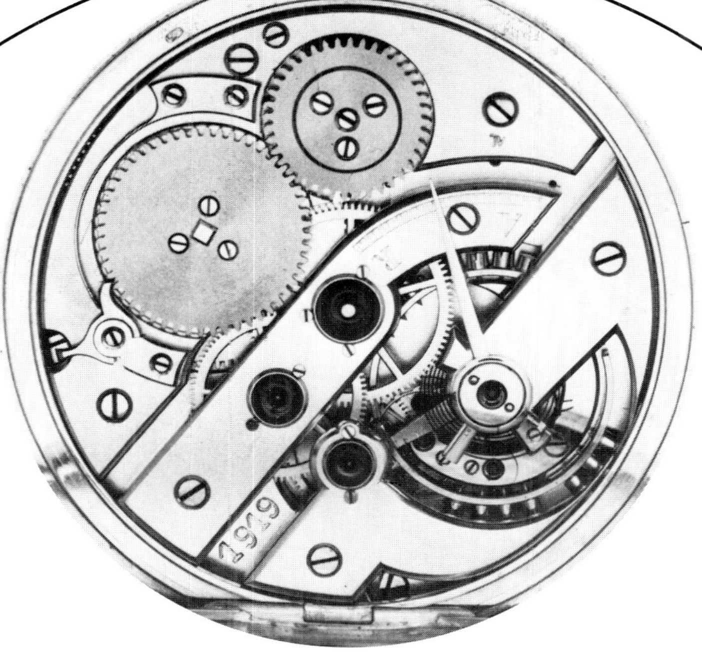

45-1 Taschenchronometer in 800 Silbergehäuse, *Locle, Schweiz ca. 1895-1905, Emailzifferblatt, Stahlzeiger, vergoldetes Werk, Chronometerhemmung mit Wippe, Rubine in verschraubten Goldchatons, Hemmrad und Unruhschrauben aus Gold, Kompensationsunruh und Breguet-Spirale, extrem langer Regulierzeiger, Kloben für Hemmrad und Wippe aus poliertem Stahl mit Decksteinlagerung, 16 Rubine, Durchmesser 55 mm.*

Wilhelm Lehmbruck 1881-1919

Glashütter Taschenuhrwerk 1900-1920

Wilhelm Lehmbruck, 4. 1. 1881-25. 3. 1919

Wilhelm Lehmbruck wurde als Bergmannssohn 1881 in Duisburg-Meiderich geboren. Er studierte Kunst in Düsseldorf und lebte von 1910 bis 1914 in Paris. Lehmbruck gehörte zu den bedeutendsten Bildhauern dieses Jahrhunderts. Er war ein vom Expressionismus beeinflußter Künstler und schuf Plastiken von großer Ausdruckskraft. Seine Werke finden heute in der ganzen Welt Anerkennung und Bewunderung. Das war nicht immer so, denn als 1927 sein bedeutendstes Werk "Die Kniende" in Duisburg aufgestellt wurde, reagierten große Teile der Bevölkerung mit Entrüstung und stürzten die Figur über Nacht von ihrem Sockel. Bei den Nationalsozialisten galt seine Kunst als "entartet". Die Arbeiten Lehmbrucks, denen ein großer Trakt des Duisburger "Wilhelm-Lehmbruck-Museums" reserviert ist, haben gesellschaftliche Probleme seiner Zeit und seelische Konflikte des Menschen zum Thema.

Lehmbruck starb 1919 durch Selbstmord.

Die Glashütter Uhrenindustrie

Ferdinand Adolph Lange schloß 1845 mit dem königlich-sächsischen Innenministerium einen Vertrag, in dem er sich verpflichtete, gegen einen Kredit von 8000 Talern in Glashütte bei Dresden eine Uhrenfabrik mit einer Lehrwerkstatt einzurichten, Werkzeuge und Maschinen einzukaufen, 15 Uhrmacher-Lehrlinge auszubilden und mit der Fertigung von Taschenuhren zu beginnen.

Diese Uhren sollten den in der Schweiz oder in England üblichen Cylinder- und Spitzzahnankeruhren nicht nachgebaut, sondern nach eigenen Konstruktionen Langes in feinster Steinanker-Qualität angefertigt werden. Mit Hilfe der von ihm verbesserten Maschinen und bedeutender Erfindungen auf dem Gebiet der Uhrmacherei gelang es Lange, in Glashütte eine blühende Uhrenindustrie aufzubauen. Seine "Lange-Uhren" erlangten bald Weltruf, da sie die Eleganz der flachen Schweizer Cylinderuhr mit der Ganggenauigkeit der plumpen englischen Ankeruhr verbanden.

Lange war nicht nur ein guter Handwerker, Konstrukteur und Lehrherr, sondern auch ein großer Organisator und Unternehmer. So überwand er alle Anfangsschwierigkeiten und finanziellen Engpässe. Glashütte in Sachsen, vorher ein verarmter Ort im Erzgebirge, wurde zum Zentrum der deutschen Taschenuhrindustrie. Vom Gründungsjahr 1845 bis zur Demontage der Uhrenfabriken 1945 sind ca. 100000 "Lange-Uhren" hergestellt worden. Erwähnenswert ist auch die Uhrenfabrik "Assmann/Glashütte", deren Präzisionsuhren sich mit der "Lange-Qualität" durchaus messen konnten.

Heute werden in Glashütte nur noch einfache Gebrauchsuhren hergestellt.

47-1 ***Sprungdeckeluhr, 750 Gelbgold, IA-Qualität,*** *A. Lange & Söhne, Glashütte, Deutschland ca. 1910-1915, sehr schweres Goldgehäuse, Emailzifferblatt mit vertiefter Mitte, Goldzeiger, Zeigerstellung durch Hebel neben dem Glasrand (der Hebel stellt sich selbsttätig zurück). Vergoldetes 3/4-Platinenwerk mit verschraubten Goldchatons und Decksteinen für Anker und Ankerrad. Anker, Ankerrad und Unruhschrauben aus Gold, Diamant-Deckstein für die Kompensationsunruh. Breguet-Spirale, gravierter Unruhkloben mit Schwanenhals-Feinregulierung, Malteser-Kreuz zur Ausnutzung der mittleren Federspannung, Durchmesser 56 mm.*

48-1 **Sprungdeckeluhr, 585 Gelbgold** A. Lange & Söhne, Glashütte, Deutschland ca. 1920-1925, elegantes Gehäuse mit drei Golddeckeln, vergoldetes Metallzifferblatt, vertiefte Sekundenmitte, Stahlzeiger, Kompensationsunruh und Breguet-Spirale, Goldanker, Schwanenhals-Feinregulierung, vergoldetes 3/4-Platinenwerk, 15 Rubine, Malteser-Kreuz-Stellung, Durchmesser 50 mm.

49-1 **Damen-Sprungdeckeluhr, 750 Rosé-Gold,** A. Lange & Söhne, Glashütte, Deutschland ca. 1890-1895, feines Gehäuse mit drei Golddeckeln, Emailzifferblatt mit vertiefter Sekundenmitte, Goldzeiger, Zeigerstellhebel selbsttätig zurückspringend, vergoldetes 3/4-Platinenwerk mit 16 Rubinen, graviertem Unruhkloben, Breguet-Spirale und Kompensationsunruh mit Goldschrauben, Goldanker, Goldankerrad, Durchmesser 35 mm. (Stecknadel zum Größenvergleich)

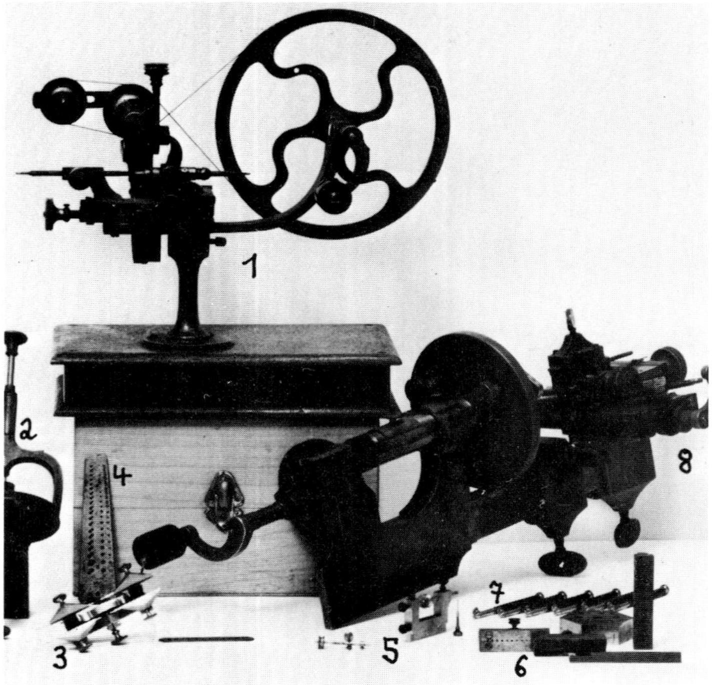

Die Uhrmacher-Werkstatt im 19. Jahrhundert

Im 19. Jahrhundert war es die Aufgabe des Uhrmachers, Taschenuhren zu reinigen und zu überholen. Im Zuge der Überholung mußten häufig zerstörte oder verschlissene Teile in Handarbeit angefertigt und eingepaßt werden. Fabrikneue Uhren, deren Verarbeitungsgenauigkeiten den Qualitätsansprüchen guter Uhrmacher häufig nicht genügten, wurden zerlegt, nachgearbeitet, gereinigt, geölt und genau einreguliert. Die wesentlichen Reparaturvorgänge und Neuanfertigungen an getragenen Taschenuhren des 19. Jahrhunderts sind in der Reihenfolge der Häufigkeit: Anfertigung der gebrochenen Unruhwelle, Zugfeder oder Sperrfeder ersetzen, Aufzugwelle anfertigen, neue Radlager einbauen, Krone und Glas ersetzen, Räder und Aufzugteile nacharbeiten, die überholte und gereinigte Uhr regulieren. Ein Uhrmachermeister mußte fähig sein, jedes Teil des Uhrwerkes so genau anzufertigen, daß die Uhr in ihrer Qualität nicht beeinträchtigt war. Während der Lehrzeit lebten die Uhrmacherlehrlinge in der Familie des Lehrmeisters. Die Eltern der Lehrjungen mußten für den Unterhalt ihrer Söhne einen oft erheblichen Geldbetrag aufbringen, da es erst nach der Gesellenprüfung den ersten Lohn gab. Während der nun folgenden Gesellenzeit war es üblich, in verschiedenen Städten zu arbeiten, um sich möglichst viele handwerkliche Fertigkeiten anzueignen.

1. Räder-Wälzmaschine
2. Zentriermaschine
3. Eingriff-Prüfmaschine
4. Gewinde-Schneideisen
5. Zapfen-Bohrmaschine
6. Ambosse
7. Uhrstein-Fassungsöffner
8. Drehbank für Großuhren

Die Uhrmacher-Werkstatt im 20. Jahrhundert

Im 20. Jahrhundert setzte sich in den Reparaturwerkstätten der Uhrenfachgeschäfte der Austausch halbfertiger Ersatzteile sehr schnell durch, denn das Aufkommen der Armbanduhr mit ihren teilweise winzigen Rädern hätte ohne maschinengefertigte Ersatzteile viele Reparaturen unmöglich gemacht. Seit etwa 1960 werden aufwendige Einzelanfertigungen und Reparaturen an alten Uhren nur noch von darauf spezialisierten Uhrmachern vorgenommen. Nach Einführung der Stoßsicherungen und der unzerbrechlichen Zugfedern in Armbanduhren liegt der Schwerpunkt der heutigen Uhrmachertätigkeit in der Fehlersuche, der Überholung und im Austausch von Fertigteilen defekter Uhren. Der Wandel von der mechanischen zur elektronischen Armbanduhr innerhalb von nur 10 Jahren erforderte ein schnelles Umdenken und Umlernen aller Uhrmacher. Daher wurden die Elektronik-Kurse der Handwerksorganisationen und Uhrenfabriken von den Uhrmachern stark in Anspruch genommen. So können sich viele Uhrmachermeister heute mit Recht als Uhrenelektroniker bezeichnen. Im Zeitalter der Quarz-Armbanduhr sind die meisten Uhrmacher neben ihrer handwerklichen Tätigkeit häufig als fachkundige Berater im Uhrenverkauf tätig.

1. Zugfeder-Aufwinder
2. Entmagnetisiergerät
3. Drehbank für Taschen- und Armbanduhren
4. Spannfutter
5. Kurbel für Drehbank-Handbetrieb
6. Triebniet-Maschine
7. Rollensenker
8. Drehbank für Handstichel
9. Unruhwaage
10. Zapfen-Polierstuhl
11. Schraubenzieher
12. Lupen
13. Ölnäpfchen
14. Meßgeräte

51-1 ***Sprungdeckeluhr, 800 Silbergehäuse,*** *IWC, Schweiz ca. 1910-1915, guillochiert, rosé-vergoldete Deckelränder, Emailzifferblatt mit vertiefter Mitte, Stahlzeiger, Zeigerstellung über Zughebel einzuschalten, 2/3-Platinenwerk, Rubine in Goldchatons, Kompensationsunruh mit Goldschrauben, Breguet-Spirale, Feinregulierung, Durchmesser 52 mm.*

52-2 ***Taschenuhr, 800 Silber-vergoldet,*** *IWC, Schweiz ca. 1905-1915, Emailzifferblatt, vergoldete Zeiger, Rubine in Goldchatons, Feinregulage, Kompensationsunruh und Breguet-Spirale, vergoldetes 2/3-Platinenwerk, zwei Silberdeckel, Durchmesser 50 mm.*

52-1 ***Silbertaschenuhr, Glasrand rosé-vergoldet,*** *Omega, Schweiz ca. 1905-1915, Emailzifferblatt mit vergoldeten Minutenmarkierungen und Zeigern, zwei Deckel 800 Silber, vergoldetes Uhrwerk, 15 Rubine, Kompensationsunruh und Breguet-Spirale, Durchmesser 51 mm.*

53-2 Taschenuhr, 900 Tula-Silber,
J. Assmann, Glashütte, Deutschland ca. 1910-1920, mattiertes Silberzifferblatt, Goldzeiger, Feinregulierung mit Schwanenhals, Ankerrad, Anker und Unruhschrauben aus Gold, Kompensationsunruh und Breguet-Spirale, Durchmesser 52 mm. (Diese Präzisionsuhr diente von 1915 bis 1960 als Chronometer zur Gangkontrolle von Kundenuhren in der Uhrmacherwerkstatt „Juwelier Schmeltzer")

53-1 Sprungdeckeluhr, 585 Gelbgold, *J. Assmann Glashütte, Deutschland ca. 1910-1920, poliertes Gehäuse mit drei Golddeckeln, Emailzifferblatt, vergoldetes Brückenwerk, Feinregulierung, Gleichgewichtsanker, Kompensationsunruh mit Goldschrauben, Breguet-Spirale, gestreckte Sperrfeder, Durchmesser 53 mm.*

August Thyssen, 17.5.1842-4.4.1926

Am 17. Mai 1842 wurde August Thyssen in Eschweiler bei Aachen geboren. Sein Vater leitete dort ein Drahtwalzwerk.
1867 gründete Thyssen in Duisburg ein Bandeisenwerk. 1871 wählte er einen den Kohlevorkommen näher gelegenen Standort in Mülheim-Styrum für den Bau eines Stahl- und Walzwerkes mit Rohrschweißerei und Maschinenfabrik. Um ein gewaltiges Stahlwerk und Kohlebergwerk direkt am Rhein zu errichten, kaufte Thyssen 1890 in Duisburg-Bruckhausen (damals Hamborn) eine ganze Bauernschaft von 150 Hektar. Es entstanden eine Fabrik für feuerfeste Steine, ein Siemens-Martin-Stahlwerk, eine Walzstraße, ein Thomasstahlwerk, ein Hafen und Kohlegruben. Das Erz zur Stahlerzeugung wurde vorwiegend aus Lothringen und Schweden eingeführt. Der 1910 errichtete 6. Hochofen mit einer in Europa führenden Leistung von täglich 650 Tonnen Stahl leitete die Modernisierung des gesamten Hüttenwerkes ein. Thyssen erkannte schon früh, daß er international nur durch Konzentration und Rationalisierung konkurrenzfähig bleiben konnte.
1911 bekam Thyssen das Ehrenbürgerrecht der Großstadt Hamborn (Einwohnerzahl 1890 = 8000/1910 = 102000) "In Würdigung der großen Verdienste um die hiesige Stadt durch die Schaffung und die großzügige Ausgestaltung seiner industriellen Anlagen, auf die der hervorragende Aufschwung Hamborns und seine Erhebung zur Stadt zurückzuführen ist".
Thyssen, der mit seinem Unternehmergeist den Weg Duisburgs zur bedeutendsten Stahlstadt Europas entscheidend beeinflußt hat, starb auf seinem Wohnsitz "Schloß Landsberg" bei Kettwig/Ruhr am 4. April 1926.

Die Schweizer Uhrenindustrie

Die Anfänge der schweizerischen Uhrenindustrie liegen schon im 16. Jahrhundert. Mit der Gründung der weltweit ersten Uhrmacherzunft in Genf im Jahre 1601 begann der Aufstieg der Schweiz zum "Uhrenland". Ende des 17. Jahrhunderts wirkten in Genf bereits über 500 Uhrmachermeister, von denen bald einige in die Jura-Orte des Kantons Neuenburg auswanderten und dort mit der Herstellung von Uhren begannen. Gleichzeitig führten die Jura-Uhrmacher die Arbeitsaufteilung in der Uhrenherstellung ein, bei der von einem Hersteller ein Teil der Uhr selbst gemacht, ein anderer Teil in Auftrag gegeben und ein weiterer Teil in einer Spezialfabrik eingekauft wurde. Im Neuenburger Jura arbeiteten bald berühmte Uhrmacher wie Berthoud, Perrelet, Breguet und viele andere, die besonders in der Entwicklung der Taschenuhr bedeutende Erfindungen machten. Mit der Verdrängung Englands als bedeutendster Uhrenhersteller begann im 19. Jahrhundert der Aufstieg der Schweizer Uhrenindustrie zur Vormachtstellung auf dem Weltmarkt. Wichtige Erfindungen in der mechanischen Fabrikation und Uhrentechnik sowie die Uhrenherstellung in großen Serien mit modernen Produktionstechniken machten die Schweiz zum führenden Uhrenland. Um 1900 exportierte die Schweiz jährlich über 8 Millionen Uhren und beschäftigte über 30.000 Uhrmacher in den Uhrenfabriken. Mit dem Aufkommen der Armbanduhr wurden in der Schweiz weitere wichtige Erfindungen wie Stoßsicherung, Wasserdichtigkeit, Automatik und Magnetschutz gemacht, bis hin zu den elektronischen und quarzgesteuerten Uhren der letzten Jahrzehnte. Der Anteil der Quarz-Armbanduhren, deren Uhrwerke weitgehend mit modernen Robotern hergestellt werden, beträgt inzwischen ca. 80%. Heute fertigt die Schweiz wertmäßig knapp die Hälfte der Armbanduhr-Weltproduktion.

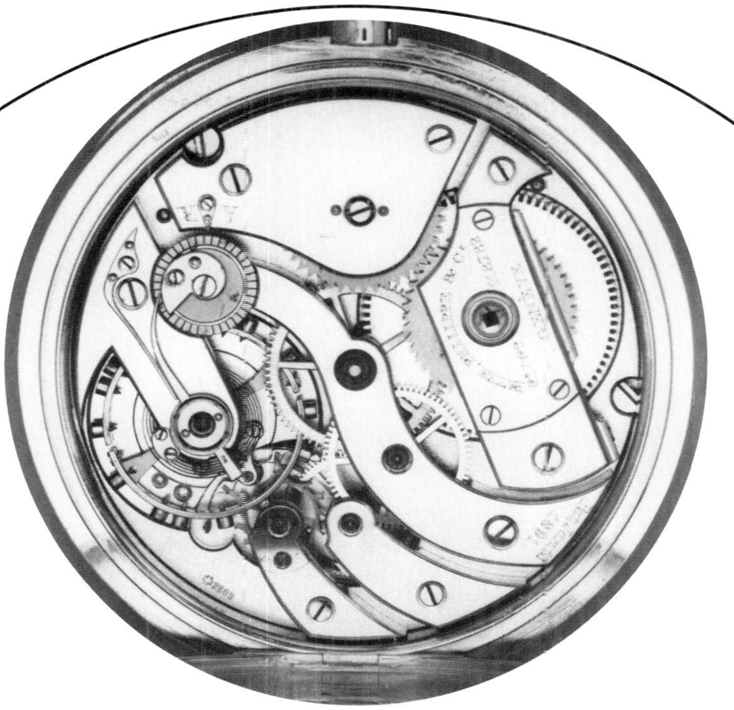

55-1 **Gold-Taschenuhr, 750 Roségold,** Patek, Philippe & Cie, Schweiz ca. 1900-1905, Emailzifferblatt, zwei Goldzeiger, vertieftes Sekundenfeld, vergoldetes Brückenwerk, große Kompensationsunruh mit Goldschrauben und Breguet-Spirale, Gleichgewichtsanker, Feinregulage, Anker und Ankerrad-Deckplättchen, Wolfszahn-Aufzugräder, Malteser-Kreuz-Stellung für die Zugfeder, Durchmesser 56 mm.

56-1 Gold-Taschenuhr, 750 Gelbgold, *Vacheron & Constantin, Schweiz ca. 1895-1905, Emailzifferblatt, feine Stahlzeiger, Brückenwerk, Feinregulage, Kompensationsunruh mit Goldschrauben und Breguet-Spirale, Anker- und Ankerraddeckplättchen, Gleichgewichtsanker, Durchmesser 50 mm.*

56-2 Gold-Taschenuhr, 585 Roségold, *Audemars Frères, Schweiz ca. 1910-1920, vergoldetes Metallzifferblatt mit versilberten Zahlenfeldern, Stahlzeiger, Feinregulierung, Kompensationsunruh und Breguet-Spirale, Durchmesser 51 mm.*

57-1 Gold-Taschenuhr, 585 Roségold,
IWC-Schaffhausen, Schweiz ca. 1895-1905, Emailzifferblatt, vergoldete Zeiger, drei Golddeckel, Rubine in Goldchatons, Feinregulage, Kompensationsunruh und Breguet-Spirale, Durchmesser 56 mm.

57-2 Silber-Taschenuhr mit vergoldetem Bügel, *IWC, Schweiz ca. 1905-1915, Emailzifferblatt, vergoldete Zeiger, zwei Deckel, 800 Silber, Feinregulage, Kompensationsunruh und Breguet-Spirale, Rubine in Goldchatons, Durchmesser 49 mm.*

58-2 *Silber-Taschenuhr, 800 Silber,* Badollet, Schweiz ca. 1895-1900, vergoldetes Werk mit verschraubten Goldchatons, Feinregulage, Kompensationsunruh und Breguet-Spirale, Emailzifferblatt, Stahlzeiger, Durchmesser 51 mm.

58-1 *Sprungdeckeluhr, 585 Gelbgold,* Longines, Schweiz ca. 1910-1920, Emailzifferblatt, vergoldete Zeiger, 16 Rubine, 1/2-Platinenwerk vergoldet, Feinregulage, Kompensationsunruh und Breguet-Spirale, Durchmesser 52 mm.

59-2 ***Taschenuhr mit sichtbarer Unruh, Doublé,*** *Schweiz ca. 1910-1970, Emailzifferblatt, Werk und Unruhbrücke vergoldet, Gangdauer 8 Tage durch besonders lange Zugfeder (Federhausdurchmesser 38 mm), Kolbenzahn-Ankergang, Durchmesser 52 mm.*

59-1 ***Silber-Taschenuhr mit sichtbarer Unruh, 875 Silber,*** *Schweiz ca. 1900-1910. Anker, Ankerrad und Kompensationsunruh sind auf die Zifferblattseite des Werkes verlegt worden. Der Anker greift mit seiner Gabel über das Ankerrad hinweg in die Unruh. Emailzifferblatt mit vergoldeten Minutenmarkierungen, Stahlzeiger, Durchmesser 51 mm.*

Paul von Hindenburg 1847 - 1934

Taschenuhr-Repetierwerk 1895 - 1915

Paul von Hindenburg, 2.10.1847-2.8.1934

Paul von Hindenburg wurde in Posen geboren. Er war im 1. Weltkrieg oberster Heerführer der deutschen Armee und erfolgreicher Feldherr in Ostpreußen, Rumänien, Italien und Rußland.

1919 ging er in den Ruhestand. 1925 wurde Hindenburg als Kandidat der Parlaments-Rechten im 2. Wahlgang zum Reichspräsidenten gewählt (der Duisburger Oberbürgermeister Dr. Karl Jarres scheiterte als stimmenstärkster Kandidat im 1. Wahlgang, da er nicht die absolute Mehrheit erzielte).

Als das Ruhrgebiet nach Jahren politischer Unruhen, wirtschaftlicher Not, Inflation und französischer Besetzung endlich im August 1925 von den letzten Besatzungstruppen geräumt wurde, besuchte Reichspräsident von Hindenburg am 25. September 1925 auch Duisburg, wo ihm von der Bevölkerung ein begeisterter Empfang bereitet wurde (Foto). Von Hindenburg, der sich selbst mit seinen Entscheidungen genau an die Bestimmungen der Weimarer Verfassung hielt, konnte die Machtergreifung durch die Nationalsozialisten und die folgende Radikalisierung der Staatsmacht nicht verhindern. Er starb 1934 in Neudeck/Westpreußen.

Taschenuhren mit Repetier- oder Stoppwerk

Erste tragbare Uhren mit Schlagwerk auf Glocke, die selbsttätig Tag und Nacht die Zeit schlugen, gab es schon im 16. Jahrhundert. ***Repetieruhren,*** *die durch Drücken eines Knopfes die Uhrzeit in Stunden und Viertelstunden anschlagen, wurden um 1700 erfunden. Sie schlugen bis 1800 meist auf Glocken, während nach 1800 der Schlag über Tonstäbe erfolgte, die aus Platzgründen kreisförmig um das Werk herum angebracht waren. Repetier-Schlüsseluhren lassen sich durch Drücken des Bügelknopfes auslösen. Taschen-Repetieruhren mit Kronenaufzug haben einen seitlich angebrachten Schieber oder Drücker, der den Stunden- und Viertelstundenschlag, bei der Minutenrepetieruhr sogar den zusätzlichen Minutenschlag freigibt. Um Stunde, Viertelstunde und Minute zu unterscheiden, ertönt die Stunde mit je einem "Bim", die Viertelstunde mit je einem "Bimbam" und die Minute wieder mit je einem Schlag. Repetieruhren besitzen komplizierte und aufwendige Uhrwerke, die in vielen Varianten und geringen Stückzahlen hergestellt wurden. Sie zählen heute zu den kostbarsten Antiquitäten.*

Taschenstoppuhren wurden in der ersten Hälfte des 19. Jahrhunderts erfunden. Taschenuhren mit ***Chronographenmechanismus*** *zur Anzeige von gestoppten Stunden, Minuten und Sekunden, wie er noch heute in mechanischen Armbandchronographen üblich ist, entstanden um 1875. Der noch kompliziertere Chronograph mit Doppelzeiger und Doppeldrücker zum Addieren verschiedener Stoppzeiten eröffnete schließlich alle Möglichkeiten der Zeitmessung in Sport und Industrie. Repetieruhren sind oft zusätzlich mit einem Stoppwerk ausgestattet.*

61-1 ***Sprungdeckeluhr mit Viertelstundenrepetition und Chronograph,*** *Schweiz ca. 1920-1925, drei Deckel, 585 Roségold, poliert, Emailzifferblatt, Drücker für Schlagwerk bei der 6, Chronographendrücker bei der 2, vergoldetes Werk mit zwei Tonfedern, durch Schutzglas abgesichert, Nickel-Stahl-Breguet-Spirale und Neusilberunruh, 17 Rubine, Durchmesser 60 mm.*

62-1 ***Taschenchronograph, 800 Silber,*** *Schweiz ca. 1910-1920, zwei Silberdeckel guillochiert und graviert, vergoldete Krone und Chronographendrücker, Zeigerstellung über seitlichen Drücker, Emailzifferblatt, vergoldetes Werk mit Goldanker und verdeckten Rubinpaletten, Nickel-Stahl-Breguet-Spirale und imitierte Neusilber-Kompensationsunruh, Durchmesser 53 mm.*

63-2 Taschenstoppuhr, Nickelgehäuse, *Minerva, Schweiz ca. 1935-1945, Emailzifferblatt, roter Schleppzeiger, 1/5 Sekunde bis 30 Minuten, seitlicher Drücker nur für 2. Sekundenstoppzeiger (Schleppzeiger), Neusilberwerk, Nickel-Stahl-Spirale, Steinanker, 7 Rubine, Durchmesser 51 mm.*

63-1 Taschenstoppuhr, Nickelgehäuse, *Minerva, Schweiz ca. 1915-1935, Schleppzeiger (Doppelstoppzeiger), 1/10 Sekunde bis 15 Minuten; kleiner, ständig laufender Sekundenzeiger, Emailzifferblatt mit roten Zahlen 32 bis 58 für die zweite Hälfte der Minute. Neusilberwerk mit Nickel-Stahl-Spirale, erhöhte Schwingung der Neusilberunruh, Durchmesser 51 mm.*

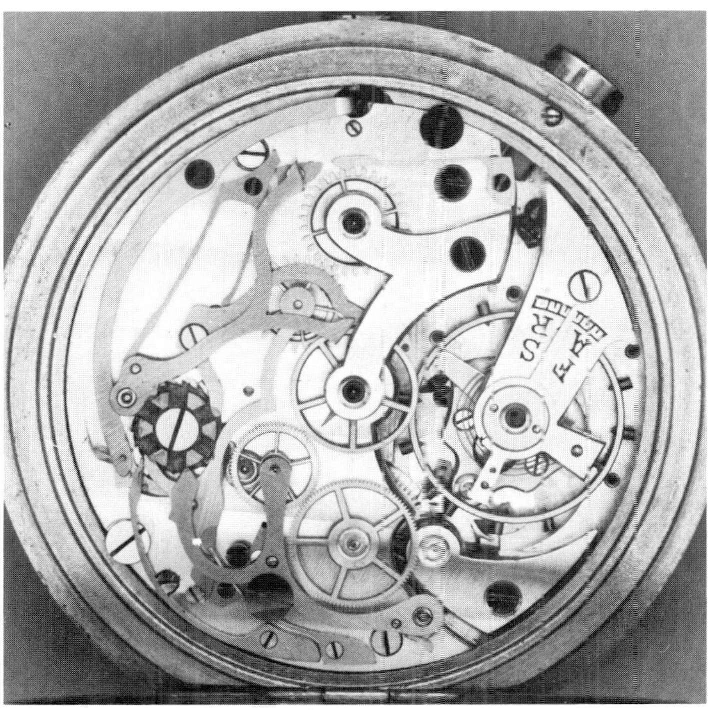

64-2 **Eisenbahner-Taschenuhr, Nickelgehäuse,** *Schweiz ca. 1885-1915, Emailzifferblatt, vergoldetes Werk mit 15 Rubinen, Ankerhemmung mit verdeckten Paletten, imitierte Kompensationsunruh, Werkseite durch zwei Deckel und Schutzglas vor Staub geschützt, Durchmesser 68 mm.*

64-1 **Eisenbahner-Taschenuhr, Nickelgehäuse,** *Hampden Watch Co, USA ca. 1885-1915, Boden und Glasrand staubdicht durch Verschraubung, Western-Lokomotive auf der Rückwand, Kompensationsunruh mit Breguet-Spirale, Feinregulage, Rubine in verschraubten Chatons, Unruh über dem Werk angeordnet, Kolbenzahn-Ankerhemmung, Neusilberwerk, Durchmesser 59 mm.*

65-2 **Taschenwecker, Messing-Nickel-Gehäuse,** *Junghans, Deutschland ca. 1900-1930, Emailzifferblatt mit Radium-Zahlen und -Zeigern, Drücker über der 11 für Weckzeiger, Steinanker, 7 Rubine, Innendeckel als Glocke, Absteller unter dem Rückdeckel, der als Fuß benutzbar ist, eine Feder für Geh- und Weckwerk, Durchmesser 52 mm.*

65-1 Taschenwecker, dunkles Stahlgehäuse, Schweiz ca. 1900-1930, Emailzifferblatt mit Radium-Zahlen und -Zeigern, Messing-Zeiger für die Weckzeit, Steinankerwerk mit 7 Rubinen, eine Zugfeder für Geh- und Weckwerk, runder Drücker für Zeigerstellung, flacher Drücker für Weckerzeiger, Durchmesser 54 mm.

Gerhard Hauptmann 1862-1946

Gerhard Hauptmann, 15. 11. 1862 - 6. 6. 1946

Gerhard Hauptmann wurde am 15. November 1862 in Obersalzbrunn/Schlesien geboren. Er gehört zu den bedeutenden deutschen Erzählern und Dichtern. Bekannt wurde Hauptmann durch seine naturalistischen Bühnenwerke, in denen er den Menschen als triebhaftes und leidendes Wesen schildert. Gesellschaftliche Konflikte und soziale Fragen sind die Hauptthemen seiner Schauspiele ("Die Weber", "Der Biberpelz", "Die Ratten" u. a.). 1912 erhielt Hauptmann den Literaturnobelpreis.
Hauptmann stattete Duisburg am 26. 9. 1926 einen offiziellen Besuch ab (Foto). Er starb 1946 in Agnetendorf/ Schlesien.

Taschenuhrwerk, flach 1920-1930

Die Uhrenfachgeschäfte in Deutschland

Mit dem Aufkommen der industriell angefertigten Taschenuhren Anfang des 19. Jahrhunderts zu vergleichsweise günstigen Preisen wurde die tragbare Uhr für breite Bevölkerungskreise erschwinglich. Versorgung und Vertrieb dieser vorwiegend in der Schweiz hergestellten Taschenuhren übernahmen die in den größeren deutschen Städten schon länger ansässigen Uhrmachermeister. Wenn heute die Namen bekannter Uhrenfabriken Garantie für die Qualität ihrer Erzeugnisse sind, bürgte früher der Geschäftsinhaber mit seinem Namen für die Güte der von ihm verkauften Taschenuhren. So erklärt es sich, daß die meisten Zifferblätter alter Taschenuhren ohne Firmenaufdruck hergestellt wurden. Nur wenige sehr bekannte Hersteller oder Uhrmachermeister ließen die Zifferblätter ihrer Uhren mit einem Firmennamen versehen. Schmuck, optische Artikel, Kristall, Porzellan, Bestecke und Silbergeräte ergänzten bald das Sortiment der Uhrengeschäfte. In kleinen Orten ist diese Sortimentsbreite bis heute üblich geblieben, während in den Großstädten nach 1900 Spezialgeschäfte für die einzelnen Warengruppen entstanden. Juweliere führen heute meist ein großes Angebot guter und sehr feiner Gebrauchs- und Luxusuhren. Eine eigene Werkstatt, gute Beratung und fachmännischer Kundendienst sind in Deutschland die Voraussetzung eines gut geführten Uhrenfachgeschäftes geblieben.

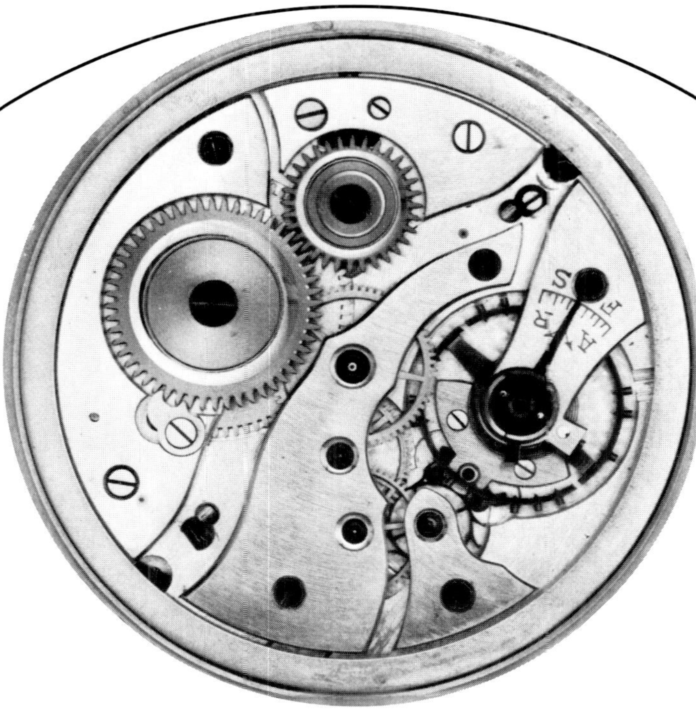

67-1 **Gold-Taschenuhr, 585 Weiß- und Gelbgold,** Recta, Schweiz ca. 1920-1930, fein graviertes Gehäuse, mit Weißgold-Flächen abgesetzt, Metallzifferblatt mit polierten, aufgesetzten Zahlen, Stahlzeiger, Neusilberwerk, 16 Rubine, Kompensationsunruh mit Breguet-Spirale, Durchmesser 49 mm.

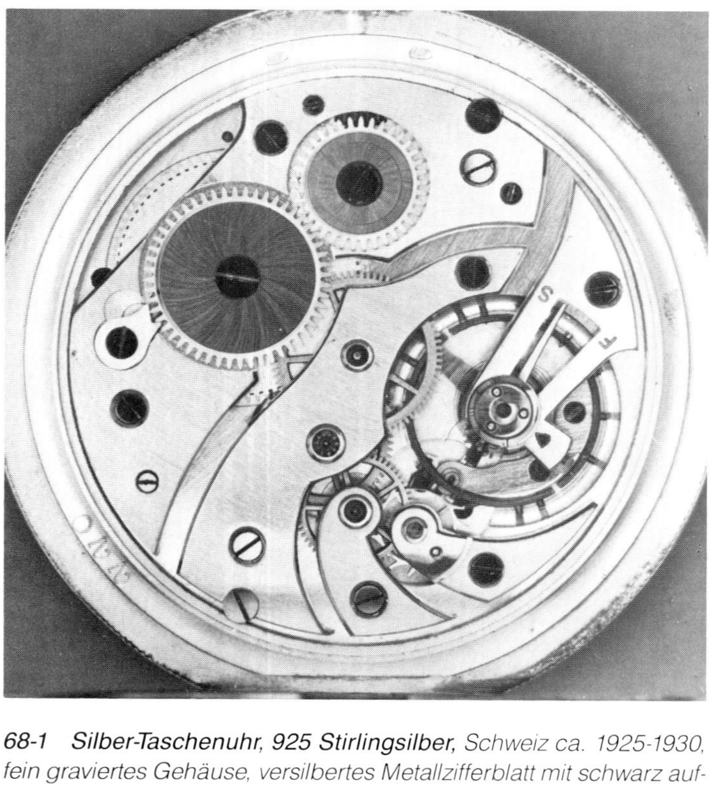

68-1 **Silber-Taschenuhr, 925 Stirlingsilber,** *Schweiz ca. 1925-1930, fein graviertes Gehäuse, versilbertes Metallzifferblatt mit schwarz aufgedruckten Zahlen, Stahlzeiger, vertiefte Sekundenmitte, Neusilber-Werk, 17 Rubine, Kompensationsunruh mit Breguet-Spirale, Ankerraddeckstein im Stahlplättchen, Durchmesser 48 mm.*

68-2 **Sprungdeckeluhr, 20 Mikron Gold-Doublé,** *Schweiz ca. 1925-1930, vergoldetes Zifferblatt mit aufgedruckten Zahlen, Stahlzeiger, vergoldetes Werk, Neusilberunruh mit Nickel-Stahl-Breguet-Spirale, Steinanker, 15 Rubine, Werk-Durchmesser 37 mm, Durchmesser 52 mm.*

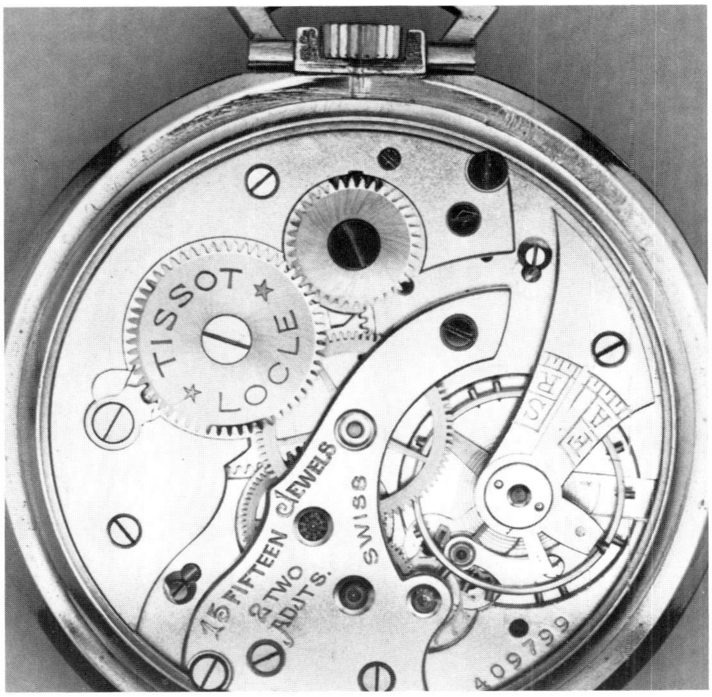

69-1 ***Taschenuhr, Edelstahl,*** *Tissot, Schweiz ca. 1930-1935, versilbertes Metallblatt mit aufgelegten blauen Ziffern, Stahlzeiger, vergoldetes Werk, Neusilber-Unruh mit Nickel-Stahl-Spirale, Durchmesser 49 mm.*

69-2 ***Taschenuhr, verchromtes Messinggehäuse,*** *Omega, Schweiz ca. 1930-1935, versilbertes Zifferblatt mit aufgedruckten Zahlen, Stahlzeiger, vergoldetes Werk, 15 Rubine, Kompensationsunruh, Durchm. 49 mm.*

69-3 ***Taschenuhr, verchromtes Messinggehäuse,*** *Tissot/Unitas, Schweiz ca. 1980, Replica (Nachbildung einer Taschenuhr von ca. 1900), weiß lackiertes Zifferblatt, 17 Rubine Steinanker, Incabloc-Stoßsicherung, schraubenlose Unruh, Durchmesser 48 mm.*

Karl Jarres 1874-1951

Armbanduhrwerk, Steinanker 1915-1925

Karl Jarres, 21.9.1874-22.10.1951

Karl Jarres wurde 1874 in Remscheid geboren und war von 1914 bis 1933 Duisburger Oberbürgermeister. Unter Stresemann wurde er 1923 Reichsinnenminister und nach dessen Rücktritt zusätzlich Vizekanzler der Weimarer Republik. Als Reichspräsidentschafts-Kandidat scheiterte er mit 39 % der abgegebenen Stimmen gegen 6 Mitkandidaten nur an der erforderlichen absoluten Mehrheit. (Im 2. Wahlgang wurde Hindenburg mit 49 % der Stimmen zum Reichspräsidenten gewählt.)
Jarres verstand es, mit Einfühlungsvermögen, Besonnenheit und Geradlinigkeit die Geschicke Duisburgs in den schweren Jahren der Kriegs- und Inflationszeit, der gesellschaftlichen und politischen Veränderungen bis zu seiner Entmachtung durch die Nationalsozialisten zu leiten.

Die Geschichte der Armbanduhr

In wertvollen Schmuckbändern für Damen aus der Zeit 1775 bis 1875 finden sich ab und zu kleine Uhren, die dort als besondere Kostbarkeit eingebaut sind. Diese Bänder mit Uhr können allerdings nicht mit dem heutigen Begriff "Armbanduhr" bezeichnet werden, da sie vorwiegend Schmuckzwecke erfüllten. Nach 1875 begannen sich Offiziere und vor 1900 Sportler für kleine Uhren zu interessieren, die mit Armbändern versehen waren und erstmalig am Handgelenk als "Armbanduhr" getragen wurden. Der 1. Weltkrieg verhalf der als "Schützengrabenuhr" bezeichneten Armbanduhr zum Image "zuverlässig — strapazierfähig — ganggenau". Das oft störende "Aus-der-Tasche-Ziehen" der Taschenuhr des Mannes oder das riskante Tragen der Damen-Taschenuhr an der langen Kette verstärkte bei "modernen Menschen" den Wunsch, eine Armbanduhr zu besitzen. Mehr und mehr schätzten besonders die fortschrittlichen Frauen den Vorteil einer Armbanduhr. In den Jahren 1915 bis 1930 hatte sich die Armbanduhr auch bei den Männern so weit durchgesetzt, daß sie die Produktionszahl der Taschenuhren schon 1935 übertraf und diese nach 1940 bedeutungslos wurden.

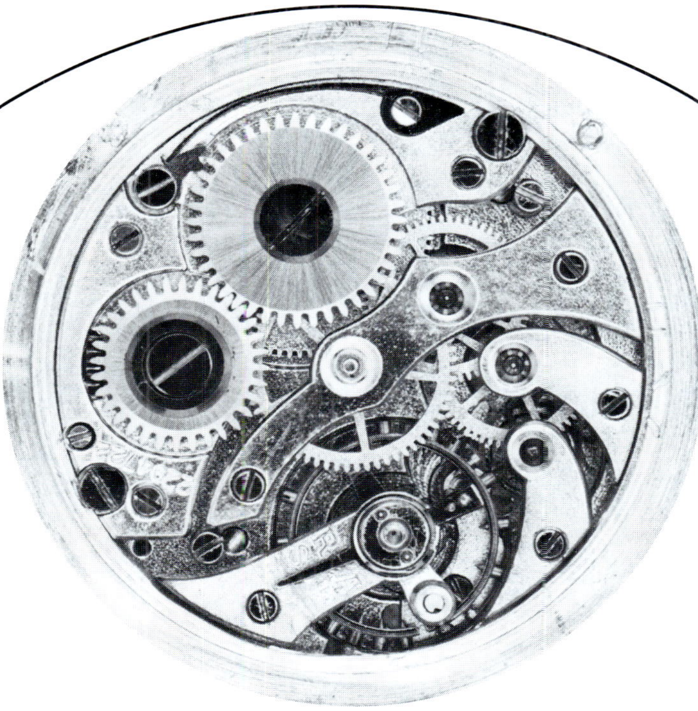

71-1 **Herrenuhr, 800 Tula-Silber,** *Eterna, Schweiz ca. 1915-1925, vergoldetes Zifferblatt mit vertiefter Mitte, Stahlzeiger, Druckboden mit Justierstift, vergoldetes Brückenwerk, 15 Rubine, Kompensationsunruh mit flacher Stahlspirale, Wildlederband mit 27 mm breiter, gravierter Schließe, Durchmesser 27 x 27 mm.*

71-2 **Schützengrabenuhr, Nickelgehäuse mit Klappdeckel,** *Schweiz ca. 1910-1920, versilbertes Zifferblatt, Leuchtzeiger, versilbertes Steinankerwerk, 6 Rubine, Neusilberunruh mit Stahl-Flachspirale, 2 Adjustierungen, Durchmesser 35 mm.*

72-1 ***(Ripsband, Durchmesser 33 mm) und 72-2 (Metallband, Durchmesser 28 mm), Schweiz um 1900, 585 Roségold,*** *Taschenuhrgehäuse mit Emailzifferblättern und Cylinderwerken. Nachdem die Taschenuhrbügel entfernt, die Zifferblätter um 45° gedreht und die Armbandbügel bzw. Scharniere angelötet wurden, konnten diese Uhren als Armbanduhren getragen werden. (Umbau ca. 1920)*

72-3 ***Damenuhr, 800 Silber,*** *Schweiz ca. 1915-1920, stahlblau überzogener Glasrand, versilbertes Zifferblatt, Stahlzeiger, gewölbtes Uhrglas, Druckverschluß, vergoldetes Steinankerwerk, 15 Rubine, Kompensationsunruh mit Stahl-Flachspirale, Durchmesser 26 x 33 mm.*

73-3 ***Herrenuhr, 875 Silber,*** *Eterna, Schweiz ca. 1910-1925, vergoldetes Zifferblatt mit aufgedruckten Zahlen, Stahlzeiger, Scharniergehäuse, vergoldetes Brückenwerk, 15 Rubine, Steinanker, Kompensationsunruh, Flachspirale, Durchmesser 26 x 26 mm.*

73-1 ***Herrenuhr, Nickel,***
Schweiz ca. 1915-1920, Emailzifferblatt mit vertiefter Mitte, Stahlzeiger, Scharniergehäuse, vergoldetes Brückenwerk mit 15 Rubinen, imitierte Kompensationsunruh, Stahlspirale, Ankerhemmung, Werkdurchmesser 26 mm, Durchmesser 32 mm.

73-2 ***Damenuhr, 333 Gelbgold, mit Zugband,*** *Schweiz ca. 1915-1925, Gehäuse und Band aus Deutschland um 1920, Werkdurchmesser 20 mm, Kompensationsunruh mit Flachspirale, 15 Rubine, Durchmesser 21 x 21 mm.*

Gustav Stresemann 1878-1929

Armbanduhr-Stabwerk 1940-1950

Gustav Stresemann, 10.5.1878-3.10.1929

Der bedeutendste Politiker der Weimarer Republik, Gustav Stresemann, wurde 1878 in Berlin geboren. Als Reichskanzler hat er für Duisburg eine besondere Bedeutung erlangt, da er 1923 den Ruhrkampf (passiver Widerstand gegen die Besatzungsmacht) einstellen ließ. Dieser Widerstand hatte zur Inhaftierung oder Ausweisung von über 7000 Duisburgern durch die französische Besatzung geführt. Stresemann war von 1923 bis 1929 Außenminister und erhielt, da er sich intensiv um eine Verständigung mit Frankreich bemühte, 1926 den Friedensnobelpreis. Die Aufnahme Deutschlands in den Völkerbund 1926 und die Voraussetzungen zur Räumung des Rheinlandes sind auf seine Bemühungen zurückzuführen. Stresemann verstarb schon 1929 in Berlin.

Die deutsche Uhrenindustrie

Schramberg, Schwenningen und Pforzheim im Schwarzwald sowie Glashütte bei Dresden sind seit Mitte des 19. Jahrhunderts die Zentren der deutschen Uhrenfabrikation. Die Glashütter Taschenuhren von Lange oder Assmann waren wie die feinen Schweizer Markenuhren viele Jahrzehnte in Qualität und Leistung führend. Stiluhren, Standuhren und Wecker aus dem Schwarzwald genießen noch heute in vielen Ländern der Erde einen guten Ruf. Die ersten deutschen Armbanduhren mit einfachen Stiftankerwerken wurden um 1915 in Ruhla/Sachsen fabriziert. Pforzheimer Uhrenfabriken bezogen komplette Uhrwerke oder Einzelteile aus der Schweiz und setzten diese in die eigenen Gehäuse. Die Schweizer Uhrenindustrie dagegen bezog Uhrgehäuse in großer Stückzahl aus Deutschland.

Eigene Steinankerwerke guter Qualität entwickelte Junghans in Schramberg um 1930. Zehn Jahre später waren auch Pforzheim und Schwäbisch Gmünd die Zentren der Produktion deutscher Uhrwerke und Gehäuse für Armbanduhren.

Nach 1945 lag der Schwerpunkt der deutschen Armbanduhrherstellung bei den preiswerten Kienzle-Uhren aus Schwenningen und den Uhren der Mittelqualität aus Pforzheim, Schramberg und Schwäbisch Gmünd. Selbst Armbanduhren in Spitzenqualität mit Chronometerzeugnis wurden in beachtlicher Stückzahl produziert.

75-1 **Damenuhr, 585 Roségold,** *Schweiz ca. 1920-1925, Scharniergehäuse mit gravierten Blumenmotiven, vergoldetes Zifferblatt mit aufgedruckten Zahlen, Stahlzeiger, versilbertes Brückenwerk mit 16 Rubinen, Kompensationsunruh mit Breguet-Spirale. Ripsband mit gravierter Schließe, Durchmesser 19 mm.*

75-2 **Damenuhr, 800 Silber,** *Glashütte, Deutschland ca. 1920-1930, vergoldetes Cylinderwerk mit 10 Rubinen aus der Schweiz, versilbertes Zifferblatt mit aufgelegten Zahlen, Stahlzeiger, Durchmesser 22 mm.*

76-3 **Herrenuhr, 800 Silber,** *Deutschland ca. 1920-1930, graviertes Gehäuse mit Druckverschluß,vergoldetes Blatt mit aufgedruckten Zahlen, Stahlzeiger, vergoldetes Cylinderwerk aus der Schweiz, 10 Rubine, Durchmesser 26 x 33 mm.*

76-1 **Damenuhr, 750 Weißgold,** *Schweiz ca. 1920-1925, versilbertes Zifferblatt, Stahlzeiger, seitlich fein graviertes Scharniergehäuse, Krone mit Saphir-Cabouchon, versilbertes Formwerk 12 x 18 mm mit 16 Rubinen, Steinanker, Kompensationsunruh mit Breguet-Spirale, Durchmesser 13 x 20 mm.*

76-2 **Damenuhr, 585 Gelbgold** *Schweiz ca. 1920-1930, poliertes Scharniergehäuse, versilbertes Steinankerwerk mit 16 Rubinen, Durchmesser 17 mm, Kompensationsunruh mit Breguet-Spirale, Durchmesser 20 mm.*

77-2 **Herrenuhr, 585 Gelbgold,** *Omega, Schweiz ca 1925-1930, schweres Scharniergehäuse mit geschliffenen Stufen über dem Anstoß, versilbertes Blatt, Stahlzeiger, versilbertes Werk mit 15 Rubinen (der Ankerradrubin wurde gegen einen eingepreßten Rubin ausgetauscht). Kompensationsunruh mit Breguet-Spirale, Durchmesser 24 x 34 mm.*

77-3 **Damenuhr, 585 Gelbgold,** *Deutschland ca. 1925-1930, versilbertes Werk (Schweiz) mit 15 Rubinen, imitierte Kompensationsunruh, Flachspirale, Steinanker, Durchmesser 19 mm.*

77-1 **Damenuhr, 750 Gelb-/Weißgold,** *Eterna, Schweiz ca. 1925-1930, 585 Gelb-/Weißgold-Gliederband, poliertes Scharniergehäuse, seitlich graviert, Goldkrone, versilbertes Blatt, Stahlzeiger, Stabwerk 7 x 22 mm, mit 16 Rubinen, Kompensationsunruh mit Breguet-Spirale, Durchmesser 9 x 28 mm (Stecknadel zum Größenvergleich).*

Sven Hedin 1865-1952

Sven Hedin, 19.2.1865-26.11.1952

Der Schwede Sven Hedin wurde am 19. Februar 1865 in Stockholm geboren und war der bedeutendste europäische Asienforscher. Er unternahm mehrere große, oft Jahre dauernde Expeditionen nach Zentralasien, insbesondere durch Tibet und China. Hedin schrieb viele wissenschaftliche Werke und veröffentlichte mehrere Asien-Atlanten. Seine Reiseerzählungen und Abenteuerbücher werden in vielen Ländern gelesen. In Tibet trägt das "Hedin-Gebirge" seinen Namen. Als Freund Deutschlands besuchte er am 12.10.1936 auch Duisburg. Sven Hedin verstarb 1952 in Stockholm.

Armbanduhrwerk, Stoßsicherung 1945-1955

Die Geschichte der Stoßsicherung

Bevor die Stoßsicherung erfunden wurde, war neben der Verschmutzung des Werkes, dem eingetrockneten Öl oder der zerbrochenen Zugfeder die durch Stoß oder Fall zerbrochene Unruhwelle der häufigste Defekt einer Armbanduhr. Selbst ein Fall aus geringer Höhe führt zum Bruch des dünnen Unruhzapfens, da der Unruhreif mit seinem verhältnismäßig großen Gewicht und Durchmesser bei einer Uhr ohne Stoßsicherung die dünnen Unruhzapfen zu stark belastet.

Die geniale Lösung dieses Problems gelang Anfang 1933 mit den Systemen "Incabloc" und "Super Shock Resist" nach verschiedenen Versuchen in den 20er Jahren.

Die "Incabloc"-Stoßsicherung hat einen konisch gelagerten Lochstein, der bei einem Stoß seitlich ausweicht und so den Druck schon vor dem Bruch von dem empfindlichen Zapfen nimmt. Die federnd gelagerten Decksteine weichen bei einem senkrechten Stoß nach oben aus.

Die "Super Shock Resist"-Stoßsicherung erreicht mit federnd gelagerten Loch- und Decksteinen die gleiche Wirkung: Auch bei starken Erschütterungen können die Unruhzapfen nicht mehr brechen.

Es vergingen noch über 20 Jahre, bis nach 1955 Stoßsicherungen in Armbanduhren allgemein üblich waren. Die Stoßsicherung ist an der unterschiedlich geformten Feder über dem Unruh-Deckstein zu erkennen.

79-1 **Herrenuhr, Edelstahl mit Stahlband, stoßsicher,** *Alpina, Schweiz ca. 1935-1940 (Modell Tresor), Incabloc-Stoßsicherung, Glucydur-Unruh (Beryllium-Bronze) und Nivarox-Spirale (Stahl-Nickel-Beryllium), versilbertes Steinankerwerk mit 15 Rubinen, versilbertes Zifferblatt mit Radium-Markierungen und -Zeigern, Gehäuseboden mit Druckverschluß, Durchmesser 27 x 35 mm.*

79-2 **Herrenuhr, Edelstahl, stoßsicher,** *Dubois, Schweiz ca. 1935-1940, fein poliertes Gehäuse mit geschliffenen Seitenflächen, bronzefarbig getöntes Kristallglas, versilbertes Blatt, Stahlzeiger, Incabloc-Stoßsicherung, Glucydur-Unruh und Nivarox-Spirale, versilbertes Formwerk 17 x 26 mm, Durchmesser 21 x 37 mm.*

80-1 **Damenuhr, 585 Gelbgold,** *Omega, Schweiz ca. 1930-1935, poliertes Gehäuse mit Druckverschluß, versilbertes Werk mit Steinanker, 15 Rubine, Kompensationsunruh mit Breguet-Spirale, Durchmesser 21 x 22 mm.*

80-2 **Damenuhr, Doublé und Edelstahlboden,** *Schweiz ca. 1930-1935, Cylinder-Stabwerk mit 1 Rubin, Werkgröße 10 x 23 mm, Gehäuse mit Kordelanstoß und stark gewölbtem Glas, versilbertes Blatt mit goldfarbenen Zahlen, Durchmesser 12 x 35 mm.*

80-3 **Herrenuhr, Edelstahl,** *Alpina, Schweiz ca. 1930-1935 (Modell Siegerin), sehr feines, versilbertes Formwerk 20 x 28 mm, Kompensationsunruh, Steinanker, 15 Rubine, Durchmesser 23 x 31 mm.*

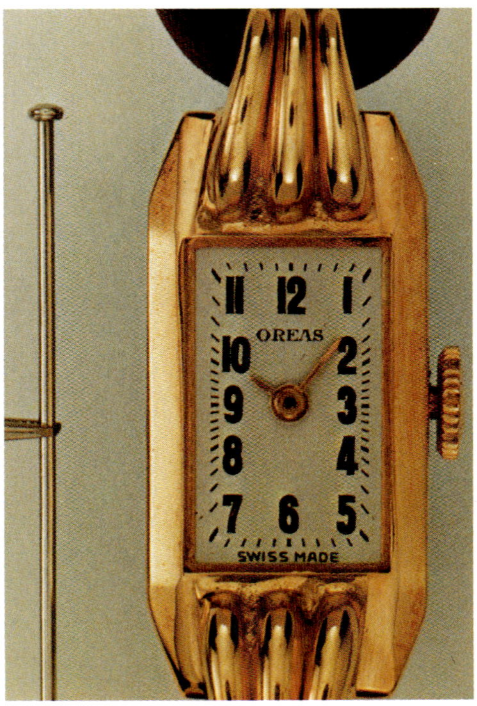

81-2 **Herrenuhr, verchromt mit Edelstahlboden,** *Eterna, Schweiz ca. 1935-1940, versilbertes Blatt, versilbertes Werk mit Eterna-Stoßsicherung, 15 Rubine, Glucydur-Unruh, Nivarox-Spirale, Steinanker, gewölbtes Glas, Durchmesser 23 x 36 mm.*

81-3 **Herrenuhr, 20 Mikron Walzgolddoublé,** *Gehäuse/Deutschland, Werk/Schweiz ca. 1935-1940, rosé-vergoldetes Zifferblatt mit aufgelegten Zahlen, versilbertes Formwerk 19 x 25 mm, 15 Rubine, Neusilber-Unruh mit Nickel-Stahl-Spirale, Steinanker, Durchmesser 22 x 29 mm.*

81-1 **Damenuhr, 585 Gelbgold,** *Berg, Deutschland ca. 1935-1940, seitlich graviertes Gehäuse, vergoldetes Blatt, vergoldetes Stabwerk mit 15 Rubinen, Neusilber-Unruh, Stahlspirale, Steinanker (Rohwerk Schweiz 10 x 23 mm), Durchmesser 11 x 25 mm.*

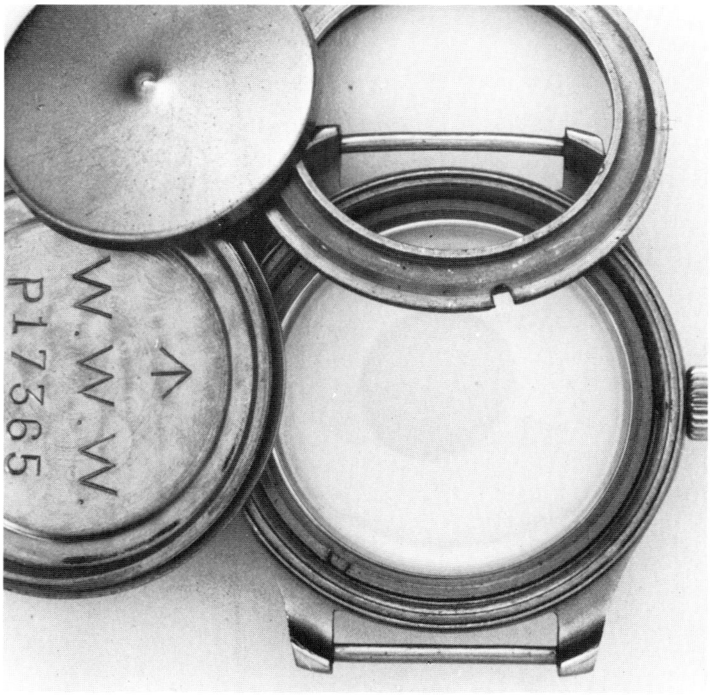

Konrad Adenauer, 5. 1. 1876-19. 4. 1967

Konrad Adenauer wurde 1876 in Köln geboren. Ab 1917 war er Oberbürgermeister von Köln und ab 1920 Präsident des preußischen Staatsrates. Unter der Herrschaft der Nationalsozialisten wurde er gezwungen, alle Ämter aufzugeben. Er war Mitbegründer der CDU und deren Bundesvorsitzender von 1950 bis 1966. Adenauer hatte großen Anteil an der Schaffung des Grundgesetzes und der Gründung der Bundesrepublik Deutschland, deren erster Bundeskanzler er von 1949 bis 1963 war.

Seine großen staatspolitischen Leistungen waren die Schaffung der Souveränität der Bundesrepublik, die Eingliederung des Saarlandes, die Aussöhnung mit Frankreich und die Aufnahme der Beziehungen zur Sowjetunion.

Entscheidend für den wirtschaftlichen Wiederaufbau Duisburgs nach dem II. Weltkrieg war das "Petersberg-Abkommen" vom 24. 11. 1949, in dem es Adenauer nach langen Verhandlungen mit den Besatzungsmächten gelang, die Demontage Duisburger Stahlwerke zu stoppen. Am 20. 12. 1949 besuchte Adenauer zusammen mit Prof. Ludwig Erhard und Dr. Gustav Heinemann Duisburg, um mit den Arbeitern der August-Thyssen-Hütte dieses Ereignis zu feiern. Als außenpolitisch erfolgreichem und angesehenem Staatsmann gelang es Adenauer, das in weiten Teilen der Welt durch den Nationalsozialismus entstellte Bild vom Deutschen zu korrigieren. Adenauer starb 1967 in Rhöndorf bei Bonn.

Die Geschichte der wassergeschützten Uhren

Schon im 19. Jahrhundert gab es Taschenuhren mit speziellen Gehäusen, die das Werk vor dem Eindringen von Staub und Feuchtigkeit schützten.

Mit der Armbanduhr, die am Handgelenk äußeren Einflüssen besonders intensiv ausgesetzt ist, verstärkte sich der Wunsch nach einem wassergeschützten oder sogar wasserdichten Gehäuse. Um das empfindliche Uhrwerk vor Rost zu schützen, müssen Glas, Gehäuseboden und Aufzugkrone sehr sorgfältig abgedichtet sein. Besonders der durch Abkühlung im Gehäuse entstehende Unterdruck darf das auf der Uhr befindliche Wasser nicht einsaugen.

Plexi-Uhrgläser, die mit einem Schraubring oder durch die eigene Spannung im Glasrand befestigt wurden, eine Blei- oder Gummidichtung im verschraubten Gehäuseboden und die in der Krone eingelassene Gummidichtung waren die Lösungen der Jahre 1925 bis 1945. Leider führten Alterung und Verschleiß der Dichtungsmaterialien immer wieder zu Wasserschäden, so daß eine "wasserdichte" Uhr, die vielleicht über längere Zeit vollkommen dicht war, plötzlich Wasser aufnahm.

Erst in den letzten Jahrzehnten gelang es den Technikern, durch neue Materialien für Glas und Dichtungen gut gearbeitete Gehäuse auch über mehrere Jahre dicht zu erhalten.

83-2 **Herrenuhr, Edelstahl, wassergeschützt,** *Minerva, Schweiz ca. 1940-1945, Plexiglas, verschraubter Boden und Krone mit Gummidichtung, versilbertes Blatt, Radium-Zahlen und -Zeiger, 17steiniges Ankerwerk, indirekte Zentralsekunde, Incabloc-Stoßsicherung, Glucydur-Unruh, Nivarox-Spirale, Durchmesser 33 mm.*

83-1 **Damenuhr, Edelstahl, wassergeschützt,** *Eterna, Schweiz ca. 1940-1945, Plexiglas, verschraubter Boden mit Bleidichtung, Krone mit Führungsrohr und Gummidichtung, Radium-Zahlen und -Zeiger, versilbertes Brückenwerk mit 15 Rubinen, Eterna-Stoßsicherung, Steinanker, Glucydur-Unruh, Nivarox-Spirale, Werkdurchmesser 19 mm, Durchmesser 23 mm.*

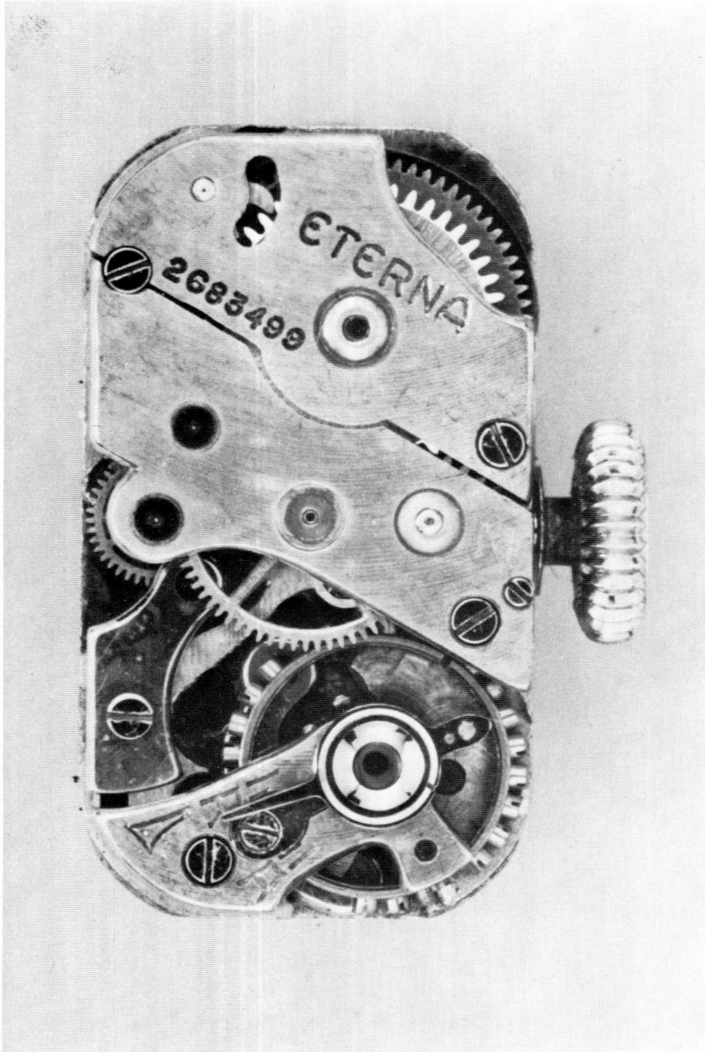

84-2 ***Damenuhr, Edelstahl,*** *Eterna, Schweiz ca. 1935-1945, schwarzes Blatt mit Zahlen in Silberdruck, versilbertes Formwerk 10 x 18 mm, 15 Rubine, Steinanker, Kompensationsunruh mit Stahl-Flachspirale, Eterna-Stoßsicherung, Durchmesser 12 x 20 mm.*

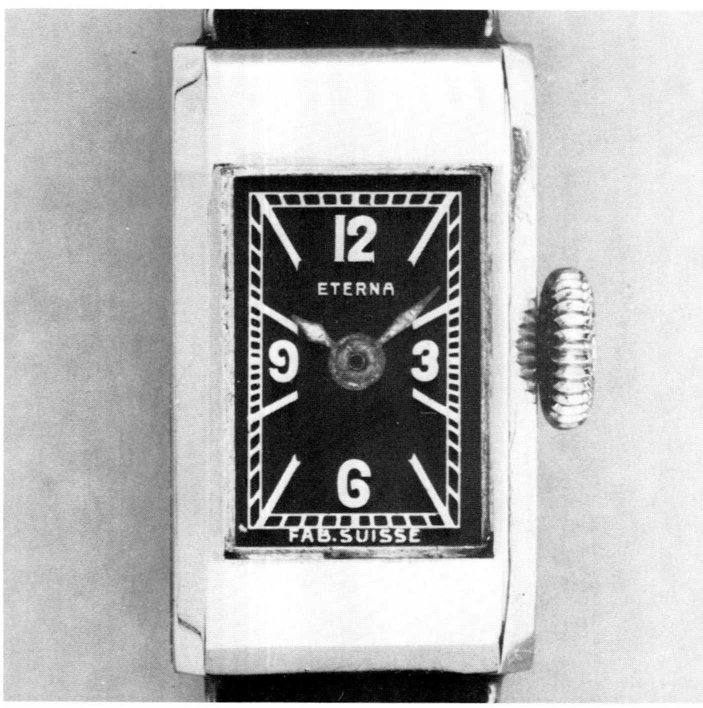

84-3 ***Herrenuhr, Doublé,*** *Deutschland ca. 1935-1945, Werk Schweiz 20 x 26 mm, Steinanker, Durchmesser 23 x 39 mm.*

84-1 ***Damenuhr, 585 Gelbgold mit Zugband,*** *Scharniergehäuse Rodi & Wienenberger, Deutschland ca. 1940-1950, Formwerk 13 x 19 mm Schweiz, vergoldetes Zifferblatt, 15steiniges Ankerwerk mit Neusilber-Unruh und Nickel-Stahl-Spirale, Durchmesser 14 x 22 mm.*

85-3 **Herrenuhr, Edelstahl,** *Ernest Borel, Schweiz ca. 1940-1950, versilbertes Blatt mit aufgelegten, vergoldeten Zahlen, 17steiniges Ankerwerk, Glucydur-Unruh, Nivarox-Spirale ohne Regulierzeiger (Regulieren durch Längenveränderung der Spirale über Drehmechanismus), direkt angetriebener Sekundenzeiger, Durchmesser 33 mm.*

85-1 **Herrenuhr, Rosé-Goldplaqué,** *Schweiz ca. 1940-1950, versilbertes Zifferblatt, rundes Steinankerwerk mit 15 Rubinen, Durchmesser 23 mm, Neusilber-Unruh, Stahlspirale, Durchmesser 35 mm.*

85-2 **Herrenuhr, Edelstahl,** *Marvin, Schweiz ca. 1945-1950, versilbertes Blatt mit aufgelegten, vergoldeten Zahlen, 17steiniges Steinankerwerk mit Ankerraddeckstein, Glucydur-Unruh, Nivarox-Spirale, in drei Lagen einreguliert (3 Adjustierungen), Durchmesser 33 mm.*

Otto Dibelius, 15.5.1880 - 31.1.1967

Otto Dibelius wurde 1880 in Berlin geboren. Er war dort Pfarrer bis zu seiner 1933 von den Nationalsozialisten erzwungenen Absetzung. Als Mitglied der „Bekennenden Kirche" beteiligte er sich am aktiven Widerstand gegen den Nationalsozialismus. Mehrfach wurde er in Haft genommen und erhielt Rede- und Schreibverbot. 1945 bis 1966 war Dibelius Bischof von Berlin-Brandenburg. Als Vorsitzender des Rates der Evangelischen Kirche Deutschlands bemühte er sich besonders um die Erhaltung der inneren Einheit der Deutschen in Ost und West. Als erster Deutscher war Dibelius von 1954 bis1961 einer der fünf Präsidenten des Weltkirchenrates.

Er besuchte Duisburg am 8. Juni 1952 anläßlich einer Tagung des evangelischen Hilfswerkes und trug sich in das „Goldene Buch" ein. Dibelius vertrat die Eigenständigkeit der Kirche gegenüber der weltlichen Macht, insbesondere gegenüber den Machtansprüchen der Nationalsozialisten und Kommunisten. Daher wurde es ihm ab 1961 nicht mehr gestattet, Ostberlin und die DDR zu betreten.

Die technisch perfekte Handaufzuguhr

Nach Jahren der Entwicklung und Experimente entstanden ab 1950 in der Schweiz und in Deutschland perfekte Handaufzuguhren mit hervorragenden Gangergebnissen, die in teilweise großen Serien den Chronometerschein eines offiziellen Prüfinstitutes ausgestellt bekamen. Diese Präzisionswerke waren meist mit einer Vorrichtung zum sekundengenauen Regulieren versehen. Sie erzielten am Handgelenk unter normaler Beanspruchung Gangergebnisse von +2 bis +6 Sekunden Höchstdifferenz täglich. Allerdings mußte fast jede Uhr vom Uhrmacher nach den Angaben des Besitzers auf diese Genauigkeit einreguliert werden. Neben der fortschrittlichen Technik wie der Schweizer Ankerhemmung, Stoßsicherung, unzerbrechlichen Zugfeder mit gleichmäßiger Spannkraft, Nivarox-Spirale mit Glucydur-Unruh, direkt angetriebenem Sekundenzeiger und einem wassergeschützten Gehäuse sorgten bessere Uhrenöle für die Erhaltung der Ganggenauigkeit über mehrere Jahre.

87-1 **Herrenuhr, 585 Gelbgold, Chronometer,** *Junghans, Schramberg/Deutschland ca. 1955-1965, wassergeschütztes Goldgehäuse mit Schraubboden, 17steiniges, vergoldetes Ankerwerk mit Feinregulage, Junghans-Stoßsicherung, indirekt angetriebene Zentralsekunde, Chronometerzeugnis, Durchmesser 35 mm (Dieser Armbandchronometer war ein Spitzenerzeugnis der Deutschen Uhrenindustrie).*

87-2 **Herrenuhr, 750 Rotgold,** *IWC, Schweiz ca. 1950-1960, versilbertes Blatt mit vergoldeten, aufgelegten Zahlen, rhodiniertes Werk mit indirekt angetriebener Sekunde, Breguet-Nivarox-Spirale, Incabloc-Stoßsicherung, Werk-Durchmesser 26 mm, Durchmesser 36 mm.*

88-3 **Herrenuhr, 585 Gelbgold,** *Omega, Schweiz ca. 1950-1960, versilbertes Blatt mit aufgelegten Goldzahlen, Goldzeiger mit Leuchtmasse, vergoldetes Werk mit indirekter Sekunde, Glucydur-Unruh, Nivarox-Spirale, Incabloc-Stoßsicherung, Durchmesser 33 mm.*

88-2 **Damenuhr, 750 Rotgold,** *Universal Geneve, Schweiz ca. 1950-1960, versilbertes Blatt mit vergoldeten Zahlen, 17steiniges, rhodiniertes Ankerwerk 11 x 16 mm, Glucydur-Unruh und Nivarox-Spirale, Durchmesser 19 x 19 mm.*

88-1 **Damenuhr, 585 Gelbgold mit Gliederband,** *Eszeha (Chopard), Deutschland/ Schweiz ca. 1950-1960, vergoldetes Blatt, Stahlzeiger, 17steiniges Ankerwerk Durchmesser 15 mm, rhodiniert, Glucydur-Unruh und Nivarox-Spirale, Durchmesser 17 mm.*

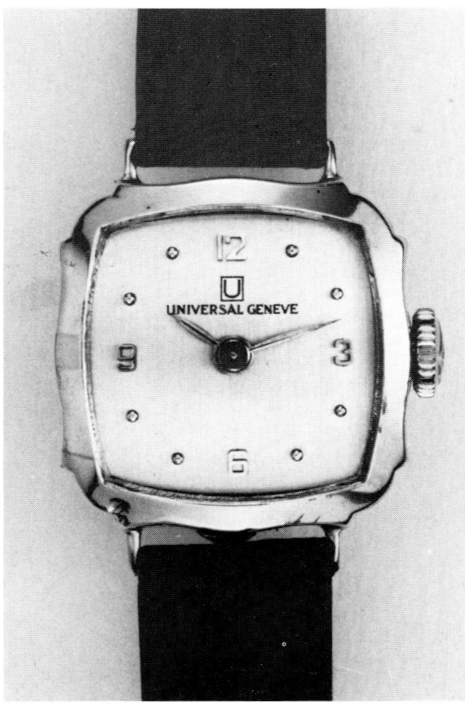

89-2 **Damenuhr, Rotgold-Doublé,** *Schweiz ca. 1940-1950, einfaches Stiftankerwerk mit 7 Rubinen Durchmesser 13 x 20 mm, Neusilber-Unruh mit Stahlspirale, rotvergoldetes Zifferblatt mit aufgedruckten, schwarzen Zahlen, Stahlzeiger, Durchmesser 18 x 23 mm.*

89-1 **Herrenuhr, 750 Gelbgold,** *Arsa, Schweiz ca. 1950-1960, versilbertes Blatt mit aufgelegten, vergoldeten Zahlen, rhodiniertes, 17steiniges Ankerwerk Durchmesser 23 mm, Incabloc, direkte Sekunde, Glucydur/Nivarox, Durchmesser 33 mm.*

89-3 **Herrenuhr, verchromtes Messinggehäuse,** *Kienzle, Deutschland ca. 1950-1960, einfaches Stiftankerwerk mit indirekter Sekunde und 5 Rubinen Durchmesser 23 mm, einfache Stoßsicherung, Pfeilerwerk mit Wippenaufzug. Durchmesser 33 mm.*

Elisabeth II. 1926-

Elisabeth II.,

Königin von Großbritannien und Nordirland, wurde am 21.4.1926 in London geboren. Nach dem Tod ihres Vaters König Georg VI. bestieg sie als Haupt des Commonwealth 1952 den englischen Thron. Elisabeth II. ist mit Philipp Mountbatten, dem Herzog von Edinbourgh verheiratet. Der Ehe entstammen die Kinder Charles, Anne, Andrew und Edward. Am 25. Mai 1965 besuchte die Königin Duisburg, wo sie von der Bevölkerung jubelnd begrüßt wurde.

Armbanduhrwerk, extra-flach 1965-1975

Die extra-flache Armbanduhr

Der Wunsch, elegante Uhrgehäuse mit schmalem Glasrand bei möglichst geringer Gesamthöhe herzustellen, führte in den Jahren nach 1960 zur Entwicklung immer flacherer Serien-Uhrwerke speziell für Herrenuhren. Diese teilweise ultraflachen Neukonstruktionen erwiesen sich, wenn sie von guten Uhrenfabriken gefertigt und sorgfältig montiert wurden, als genau so zuverlässig wie die vorher üblichen Werke. Luxusuhren in Gold erhielten zum flachen Uhrwerk häufig massiv goldene Zeiger, Zifferblätter und Bandverschlüsse. Im Gegensatz zu den größer und flacher gewünschten Herrenuhren wurden runde Damenuhren mit möglichst geringem Durchmesser aktuell, so daß winzige Damenuhrwerke unter 15 mm Durchmesser keine Seltenheit mehr waren.

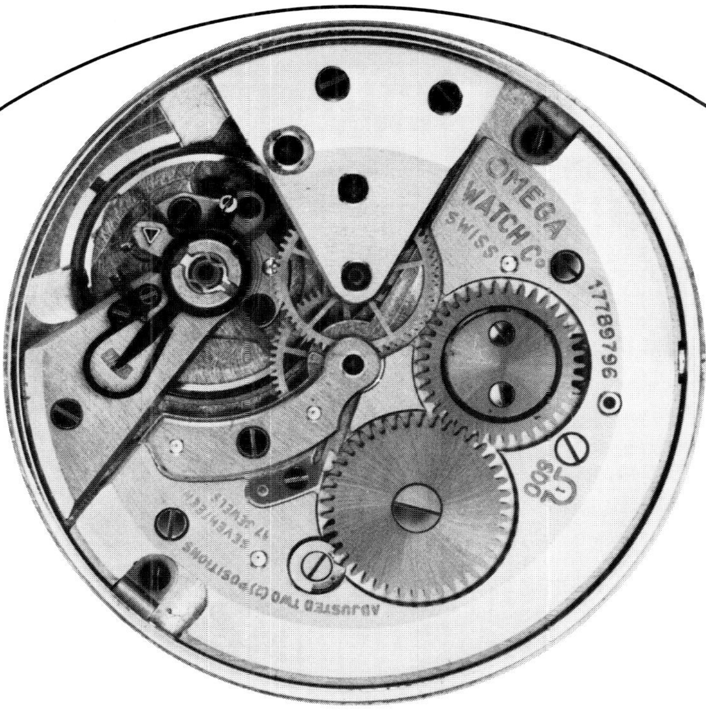

91-1 Herrenuhr, 750 Gelbgold, *Omega, Schweiz ca. 1960-1970, Zifferblatt und Zeiger aus Gold, vergoldetes Werk mit schraubenloser Unruh und Feinregulage, 17 Rubine, Incabloc, indirekt angetriebene Sekunde, Aufzugwelle durch Knopfdruck zu lösen, 2teiliger Rückerzeiger, Durchmesser 32 mm.*

91-2 Herrenuhr, 585 Gelbgold, *Eterna, Schweiz ca. 1965-1975, versilbertes Blatt, aufgelegte Gold-Stundenbalken, große schraubenlose Unruh, großes Federhaus, direkte Sekunde, Feinregulage, Werkdurchmesser 25 mm, 17 Rubine, Durchmesser 33 mm.*

92-4 **Herrenuhr, Doublé,** *Favre-Leuba, Schweiz ca. 1965-1970, flaches, vergoldetes Werk mit 2 Zugfedern; Unruhbrücke, Spiralbefestigung an verschiebbarer Stahlplatte, direkt angetriebene Sekunde, Gesperr am Kronrad, Durchmesser 34 mm (Zwei Federhäuser ermöglichen eine flache Bauweise mit großer Unruh und über 50 Stunden Gangreserve).*

92-3 **Herrenuhr, Doublé,** *Omega, Schweiz ca. 1965-1970, 17steiniges Ankerwerk feiner Qualität (identisch mit 93-3), Durchmesser 18 mm, mit Messing und Kupferstaub gemischtes, braun gespritztes Zifferblatt, weiße Zahlen und Zeiger, Durchmesser 27 x 27 mm.*

92-2 **Herrenuhr, 585 Gelbgold,** *Dugena/Eta, Deutschland/Schweiz ca. 1965-1970, 17steiniges Ankerwerk in guter Qualität, Durchmesser 26 mm, direkte Sekunde, große Unruh, Durchmesser 33 mm.*

92-1 **Herrenuhr, Doublé,** *Dugena/Eta, Deutschland/Schweiz ca. 1970-1975, wassergeschütztes Gehäuse, 17steiniges Ankerwerk Durchmesser 26 mm in guter Qualität, Durchmesser 33 x 38 mm.*

93-1 **Damenuhr, Edelstahl,** *Omega. Schweiz ca. 1965-1970. Saphirglas, versilbertes Blatt, aufgelegte Weißgold-Stundenbalken, Goldzeiger, feines, vergoldetes Formwerk mit großer Unruh Durchmesser 12 x 15 mm, kurzer Rückerzeiger, erhöhte Schwingungszahl der Unruh, Durchmesser 17 mm.*

93-2 **Herrenuhr, Edelstahl,** *Omega. Schweiz ca. 1965-1970. stahlblaues Blatt mit Weißgold-Stundenbalken und -Zeigern, 17steiniges Ankerwerk feiner Qualität Durchmesser 18 mm (identisch mit Werk 93-3). Durchmesser 24 x 37 mm.*

93-3 **Damenuhr, 750 Weißgold,** *Omega. Schweiz ca. 1970-1975. schweres Weißgold-Geflechtband mit diamantbearbeiteter Oberfläche, facettiertes Saphirglas, Weißgold-Zeiger und -Stundenbalken, vergoldetes Werk Durchmesser 18 mm, Bandbreite am Gehäuse 18 mm, Gehäuse-Durchmesser 22 x 25 mm.*

Gustav Heinemann 1899-1976

Armbanduhr, Kunststoffgehäuse, 1970-1975

Gustav Heinemann, 23.7.1899 - 7.7.1976

Gustav Heinemann wurde 1899 in Schwelm geboren. Er war Rechtsanwalt, Bergwerksdirektor und während des Nationalsozialismus aktives Mitglied der Bekennenden Kirche. Nach dem Zusammenbruch wurde Heinemann Justizminister von Nordrhein-Westfalen und 1949 Bundesinnenminister. Da er die Wiederbewaffnung Deutschlands ablehnte, trat er ein Jahr später zurück. Heinemann war Präses der Evangelischen Kirche Deutschlands und von 1966 bis 1969 Bundesjustizminister. In diese Zeit fällt seine Bemühung um die Strafrechtsreform. 1969 wurde Heinemann zum Bundespräsidenten gewählt. In den fünf Jahren seiner Amtszeit konzentrierten sich seine Aktivitäten vor allem auf die Versöhnung mit den Nachbarländern der Bundesrepublik. Heinemann besuchte Duisburg am 18. September 1969.

Armbanduhrgehäuse im Wechsel der Mode

In den ersten Jahren ihrer Existenz bis etwa 1915 entsprechen die Armbanduhren in ihrer äußeren Aufmachung den kleinen Taschenuhren des 19. Jahrhunderts. Wesentlicher Unterschied ist eigentlich nur das wegen der besseren Ablesbarkeit um 45° gedrehte Zifferblatt mit der von der 12 zur 3 verschobenen Krone und der fehlende Taschenuhrbügel bzw. die beiden zusätzlich angebrachten Bügel für das Uhrband. Nach 1915 setzt dann allerdings eine schnell wechselnde Folge der verschiedenen runden, ovalen oder eckigen Gehäuseformen ein, die teilweise verziert oder graviert waren. Breite und schmale Glasränder, runde Uhren mit eckigem Glas oder umgekehrt, alle Arten von dazu passenden Zahlen und Zifferblattunterteilungen sind bezeichnend für die Experimentierfreudigkeit dieser Entwicklungszeit der Armbanduhr.

Erst um 1930 verschwinden die vielen Gehäusevarianten. Schlichte, geradlinige Formen ohne Gravur mit Stundenstrichen statt der Zahlen entsprechen dem neuen Zeitgeschmack. Zwischen 1935 und 1945 waren streng rechteckige Uhren besonders beliebt. Mit den steigenden Ansprüchen an Staub- und Wasserdichtigkeit, besonders bei der Herrenuhr, wird die runde Gehäuseform, die sich durch Schraubboden und rundes, eingesprengtes Glas besser schließen läßt, zum bevorzugten Uhrgehäusetyp.
Die 60er Jahre führten zur Entwicklung besonders eleganter und flacher Herrenuhren sowie sehr kleiner Damenuhren. In den 70er Jahren schließlich konnten Damen- und Herrenuhren oft nicht groß genug sein. Sportuhren für Männer mit überschweren Gehäusen und Bändern aus Edelstahl und bis zu taschenuhrgroße Damenuhren, häufig ohne Stundenmarkierungen, wurden bevorzugt getragen.

95-1 **Damenuhr, 585 Gelbgold,** Omega, Schweiz ca. 1975-1980, überschweres Geflechtband, Mineralglas, Stundenbalken in Gelbgold, vergoldetes Zifferblatt, flaches 3/4-Platinenwerk, 17 Rubine, Werkdurchmesser 18 mm, Band am Gehäuse 18 mm, am Schloß 10 mm breit, Gehäuse 23 x 23 mm.

95-2 **Damenuhr, Edelstahl,** Omega, Schweiz ca. 1975-1980, Mineralglas, versilbertes Blatt mit Weißgold-Stundenbalken, Werk identisch mit 95-1, Durchmesser 28 x 28 mm.

96-2 **Herrenuhr, Doublé,** *Tissot, Schweiz ca. 1975-1980, modisches Gehäuse mit integriertem Bandanstoß, versilbertes Blatt, vergoldete Stundenbalken, modernes Uhrwerk (Grundwerk auch für Automatic), Feinregulage durch Exzenterschraube, Werk-Durchmesser 25 mm, Durchmesser 36 mm.*

96-3 **Herrenuhr, 585 Gelbgold,** *Tissot, Schweiz ca. 1975-1980, vergoldetes Zifferblatt, Geflechtband mit satinierter Oberfläche, Werk identisch mit 96-2, Durchmesser 33 mm.*

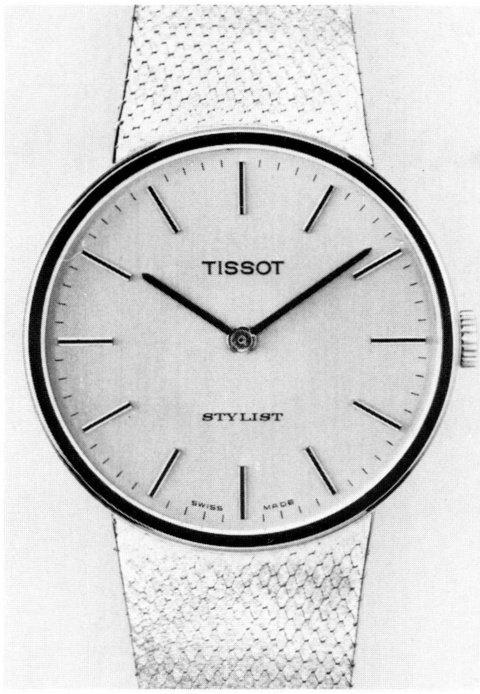

96-1 **Damenuhr, 835 Silber,** *Dugena/FHF, Deutschland ca. 1975-1980, modisches Flachpanzer-Kettenband, dickes Gehäuse, weiß lackiertes Blatt mit schwarzen Ziffern, 17steiniges Ankerwerk (identisch mit 97-2), Durchmesser 24 mm.*

97-3 ***Damenuhr, Weißgold-Doublé,*** *Maurice Guerdat/Eta, Schweiz ca. 1975-1980, einschaliges Gehäuse, versilbertes Blatt, zweiteilige Aufzugwelle, modernes Uhrwerk guter Qualität mit großer Unruh und seitlich angeordnetem Minutenrad, Durchmesser 17 mm, Gehäusedurchmesser 27 x 34 mm.*

97-1 ***Damenuhr, rhodiniert,*** *Dugena/FHF, Deutschland ca. 1970-1975, blauglänzendes Blatt, weiße Zeiger, flaches Plexiglas, modisches Gehäuse Durchmesser 23 mm (Werk identisch mit 97-2).*

97-2 ***Damenuhr, Doublé,*** *Dugena/FHF,Deutschland ca. 1975-1980, weiß lackiertes Blatt mit schwarzem Aufdruck, modisches Gehäuse mit Mineralglas, 17steiniges Formwerk mittlerer Qualität 15 x 18 mm, Rufa-Stoßsicherung, Durchmesser 32 mm.*

Gustaf Gründgens 1899-1963

Gustaf Gründgens, 22.12.1899 - 7.10.1963

Gustaf Gründgens, einer der bedeutendsten Schauspieler und Regisseure dieses Jahrhunderts, wurde 1899 in Düsseldorf geboren. Über Kiel, Hamburg und Wien führten ihn berufliche Erfolge nach Berlin. Ohne sich politisch zu betätigen, wurde Gründgens 1934 Intendant des Staatstheaters in Berlin, das unter seinen Inszenierungen zur führenden deutschen Bühne aufstieg. Von 1947 bis 1955 wirkte Gründgens am Düsseldorfer Schauspielhaus als Intendant, Schauspieler und Geschäftsführer, danach bis 1962 in Hamburg. In diese Zeit fielen seine Tourneen, die ihn in die Hauptstätte der Welt führten. Gründgens besuchte Duisburg 1954. Da er sowohl die Fähigkeit zur Menschenführung als auch ein ausgeprägtes Organisationstalent in sich vereinigte, war er als Schauspieler, Regisseur und Intendant eine führende Persönlichkeit im Theaterleben Deutschlands.

Armbanduhrwerk, automatisch 1950-1960

Die automatische Armbanduhr

Schon vor über 100 Jahren gab es Taschenuhren mit einem über der Werkmitte eingebauten Gewicht oder Pendel, das durch Tragebewegungen in Schwung gesetzt wurde und diese Kraft über Klinken auf die Zugfeder übertrug. Nach ersten Versuchen um 1925 konnte sich der automatische Aufzug in der Armbanduhr nach 1950 langsam durchsetzen. Bis dahin hatte es viele verschiedene Systeme der mit 2 Federn gebremsten Pendelgewichte oder der um die Werkmitte kreisenden Rotorgewichte gegeben. Probleme machten anfangs die starken Erschütterungen, denen eine Armbanduhr ausgesetzt ist. Durch das Aufprallen der Pendelschwungmasse lösten sich häufig verschiedene Schrauben, die dann das Uhrwerk zum Stillstand brachten. Außerdem gab es oft Defekte an den Achsen und Lagern der Aufzugsgewichte.

Die Führung der Schwungmasse in einem Kugellager, der in beiden Drehrichtungen aufziehende Rotor und Verbesserungen an dem Untersetzungsgetriebe zwischen Gewicht und Zugfeder brachten die entscheidenden Fortschritte. Die automatische Armbanduhr, inzwischen auf geringere Bewegungen reagierend, flacher geworden und mit großer Gangreserve versehen, bewährte sich immer mehr.

Mit dem Planetenrotor, einem seitlich neben dem Gehwerk angeordneten kleinen Aufzuggewicht, gelang es schon 1958, automatische Uhrwerke von ca. 4 mm Gesamthöhe herzustellen. Später gewann auch die Damen-Automatic an Beliebtheit. Das Problem, Gangwerk und Automat in einem Gehäuse von 15 bis 18 mm Innendurchmesser unterzubringen, ohne zu sehr in die Höhe zu gehen, konnte erfolgreich gelöst werden.

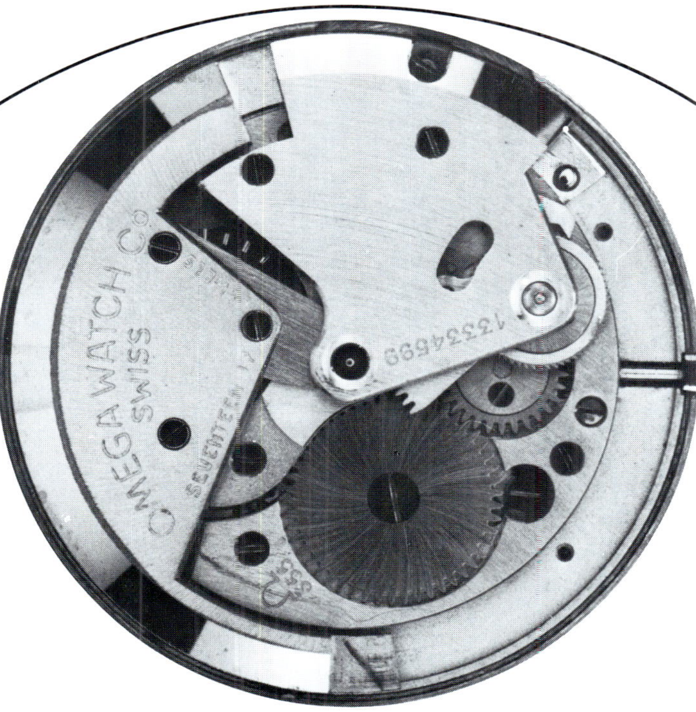

99-2 **Herrenuhr, Edelstahl,** *Omega, Schweiz ca. 1945-1955, Zifferblatt mit Radium-Leuchtmasse, wasserdicht verschraubtes Gehäuse, automatischer Aufzug mit Pendelschwingmasse, die durch zwei Federn gebremst wird, Kraftübertragung zur Zugfeder über Rechen und Klinkenrad, 17 Rubine, Incabloc-Stoßsicherung, Glucydur-Unruh und Nivarox-Spirale, Feinregulage, vergoldetes Werk Durchmesser 28 mm, Gehäusedurchmesser 35 mm.*

99-1 **Herrenuhr, Gelbgold auf Edelstahl,** *Eterna, Schweiz ca. 1945-1955, Zifferblatt mit Radium-Leuchtmasse, automatischer Aufzug durch Pendelschwingmasse, die mit federnden Stiften gebremst wird, Klinkenrad, Eterna-Stoßsicherung, Glucydur-Unruh, Nivarox-Spirale, rhodiniertes Werk Durchmesser 28 mm, wassergeschütztes Schraubgehäuse Durchmesser 32 mm.*

100-1 Damenuhr, 750 Gelbgold, *Eterna, Schweiz ca. 1955-1960, Goldrotor mit Kugellager, Kraftübertragung durch rubingelagerte Klinkenräder, beidseitig aufziehend, Werkdurchmesser nur 15 mm, Incabloc, Glucydur, Nivarox, versilbertes Blatt mit Gelbgold-Stundenbalken, Durchmesser 18 mm.*

100-2 Herrenuhr, 585 Gelbgold, *Omega, Schweiz ca. 1955-1960, versilbertes Blatt, Stundenbalken in Gelbgold, beidseitig wirkender Rotoraufzug mit Wippenrädern, vergoldetes Werk Durchmesser 25 mm mit Feinregulage, Incabloc, Glucydur, Nivarox, Durchmesser 28 x 37 mm.*

100-3 Herrenuhr, 585 Gelbgold, *Tissot, Schweiz ca. 1955-1960, versilbertes Blatt, beidseitig wirkender Rotoraufzug, Kraftübertragung durch Wippenräder, Incabloc, Glucydur, Nivarox, Werkdurchmesser 28 mm, Durchmesser 34 mm.*

101-4 ***Herrenuhr, Doublé,*** *Dugena/Buren, Schweiz ca. 1960-1965, seitlich im Werk versenkter, beidseitig aufziehender Planetenrotor, Werkhöhe nur 4.2 mm, Incabloc-Stoßsicherung, Glucydur-Unruh, Nivarox-Spirale, vergoldetes Werk mit reparaturfreundlich angeordneten Baugruppen, Durchmesser 29 mm, Gehäuse mit Stahlboden Durchmesser 34 mm.*

101-1 ***Herrenuhr, 585 Gelbgold,*** *Dugena/Eta, Schweiz ca. 1965-1970, vergoldetes Zifferblatt, Rotoraufzug mit Kugellager und Klinken-Übertragungsrädern, vergoldetes Werk Durchmesser 25 mm, Durchmesser 34 x 40 mm.*

101-2 ***Damenuhr, 585 Gelbgold,*** *Dugena/Eta, Schweiz ca. 1965-1970, vergoldetes Zifferblatt, Rotoraufzug, Kugellager, Werk Durchmesser 17 mm, Kalender-Schnellschaltung, Durchmesser 25 mm.*

101-3 ***Herrenuhr, 585 Gelbgold und Edelstahl,*** *Rolex, Schweiz ca. 1960-1965, wasserdichtes Gehäuse mit verschraubter Krone, Plexi-Stülpglas mit Datum-Lupe, Rotoraufzug, Breguet-Spirale, versilbertes Werk Durchmesser 29 mm, Durchmesser 36 x 44 mm.*

102-1 ***Herrenuhr, Edelstahl,*** *Alpina/AS, Schweiz ca. 1970-1975, Saphirglas, Gehäusehöhe 19 mm mit Vertiefung von 10 mm, so daß diese Uhr um 45° verdreht seitlich getragen wird, kugelgelagerter Rotor, einseitig aufziehend, Werk Durchmesser 25 mm, Gehäuse wassergeschützt Durchmesser 35 x 40 mm.*

102-4 ***Herrenuhr, Doublé,*** *Certina, Schweiz ca. 1965-1975, beidseitig wirksamer Rotoraufzug, Feinregulage, Werkdurchmesser 25 mm, Durchmesser 34 mm.*

102-3 ***Herrenuhr, Edelstahl,*** *Dugena/Eta, Schweiz ca. 1970-1975, stahlblaues Zifferblatt, wassergeschütztes Gehäuse, kugelgelagerter Rotor, 36 x 40 mm.*

102-2 ***Damenuhr, Edelstahl,*** *Eterna, Schweiz ca. 1970-1975, wasserdichtes Gehäuse mit verschraubter Krone und Schraubboden, kugelgelagerter Rotor, beidseitig aufziehend, schnellschwingende Unruh, Durchmesser 25 x 30 mm.*

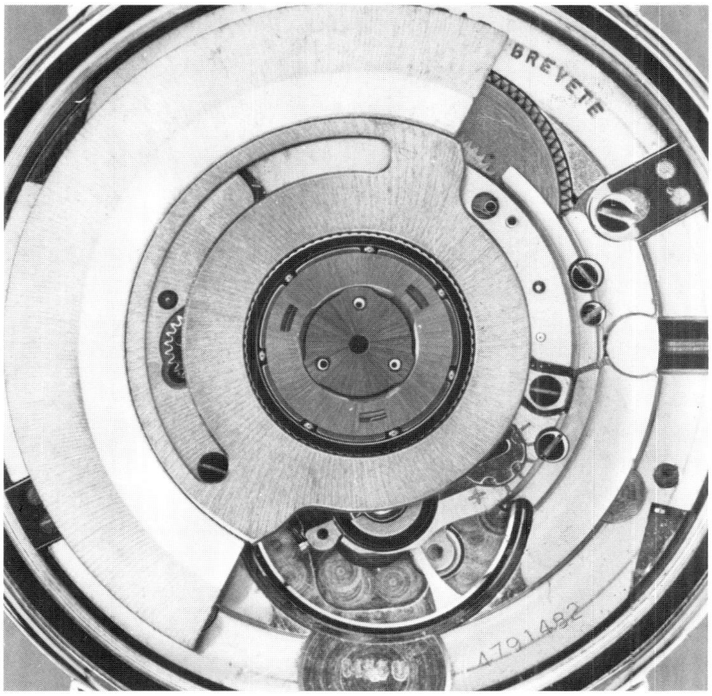

103-1 **Herrenuhr, 585 Gelbgold und Edelstahl,** Eterna, Schweiz ca. 1970-1975, Gelbgold-Stundenbalken, sehr flaches Werk mit beidseitig aufziehendem Rotor, Feinregulage, wassergeschütztes Gehäuse, verschraubter Boden, Durchmesser 34 mm.

103-2 **Herrenuhr, Edelstahl,** Revue, Schweiz ca. 1970-1975, vergoldetes Skelettwerk, kugelgelagerter Rotor, Feinregulage, stahlblauer Minutenkranz mit aufgelegten Stundenbalken und Leuchtpunkten, Durchmesser 35 x 37 mm.

103-3 **Herrenuhr, Edelstahl,** Dugena-Glycine/Eta, Schweiz ca. 1970-1975, wasserdichtes und luftleeres Gehäuse durch Vacuum-Patent, Saphirglas, Schnellschwinger, kugelgelagerter Rotor, Durchmesser 36 mm.

103-4 **Herrenuhr, Edelstahl,** Ulysse Nardin/Eta, Schweiz ca. 1970-1975, wassergeschützt, Chronometerwerk mit Gangzeugnis, Rotor-Automatik, Feinregulage, Hochfrequenz-Unruh, Durchmesser 31 x 37 mm

104-1 ***Herrenuhr, Edelstahl,*** *Omega, Schweiz ca. 1975-1980, wassergeschützt, Weißgold-Zeiger und -Stundenbalken, Chronometer mit Gangzeugnis, beidseitig aufziehender Rotor, Feinregulage, flaches Werk Durchmesser 28 mm, Schnellschwinger, Durchmesser 33 mm.*

104-2 ***Herrenuhr, Edelstahl,*** *Omega, Schweiz ca. 1975-1980, zweiteiliges und wassergeschütztes Gehäuse, Zeiger und Stundenbalken Weißgold (Werk identisch mit 104-3), Durchmesser 26 x 44 mm.*

104-3 ***Damenuhr, Edelstahl,*** *Omega, Schweiz ca. 1975-1980, wassergeschütztes Gehäuse mit Druckverschluß, beidseitig wirksamer Rotoraufzug, Feinregulage durch Mikroschraube, 23steiniges, vergoldetes Werk Durchmesser 18 mm, Durchmesser 27 x 32 mm.*

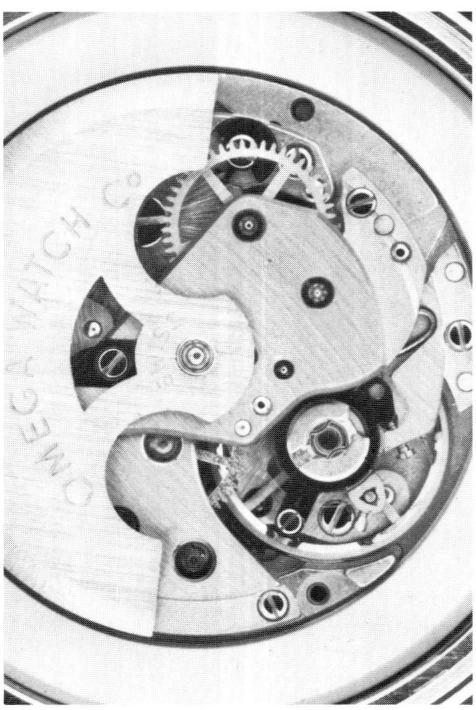

105-1 **Damenuhr, 585 Gelbgold,** *Eterna, Schweiz ca. 1975-1980, wassergeschütztes Gehäuse mit Druckverschluß, beidseitig wirksamer, kugelgelagerter Rotor, Feinregulage durch Mikroschraube, rhodiniertes Werk Durchmesser 17 mm, Durchmesser 24 mm.*

105-2 **Herrenuhr, Edelstahl,** *Eterna, Schweiz ca. 1975-1980, wassergeschütztes Gehäuse, Mineralglas, Druckverschluß (Werk identisch mit 103-1), Durchmesser 34 x 40 mm.*

105-3 **Herrenuhr, Messing, schwarzer Überzug,** *Dugena-Lip/Durowe, Deutschland-Frankreich ca. 1975-1980, einseitig wirksamer Rotoraufzug, einfaches Werk Durchmesser 26 mm, Durchmesser 32 x 40 mm.*

105-4 **Herrenuhr, Edelstahl,** *Mido/AS, Schweiz ca. 1975-1980, wasserdicht, Mineralglas, dunkelblaues Zifferblatt (Werk identisch mit 102-1), Durchmesser 38 x 41 mm.*

oben rechts: *versilbertes Zifferblatt; schwarze, aufgedruckte Zahlen, stahlblaue Zeiger.*
unten rechts: *Glucydur-Schraubenunruh mit den angefertigten Teilen: Unruhwelle und Spiralrolle (Mitte), Breguet-Spirale.*
unten links: *Der aus Messing angefertigte Ankerradkloben mit Gelbgold-Steinchaton und Stahlschraube.*

106-1 Meisterarbeit „Willy Thielen" *1951-1952, Silber-Taschenuhr „Cortébert" Kal. 526, Schweiz ca. 1950-1955, Werkdurchm. 42 mm.*

Die 8 neu angefertigten Teile des Uhrwerkes:
Aufzugwelle - Unruhwelle - Spiralrolle - Breguet-Spirale - Ankerradkloben - Ankerradchaton - Zwischenradtrieb - Zeigerstellhebel.
Für die Meisterarbeit benötigte Herr Thielen ca. 250 Arbeitsstunden. Da alle Anfertigungen mit großer Sorgfalt ausgeführt wurden und die Taschenuhr nach der Überholung gute Gangergebnisse erreichte, bestand Herr Thielen im April 1952 in Hamburg seine Uhrmacher-Meisterprüfung.

107-2 Meisterarbeit „Bernhard Schmeltzer“ 1963-1964, an einem Armbanduhrwerk „IWC Kaliber 88“. Durchmesser 26 mm. Die von der Handwerkskammer Düsseldorf geforderte Werkverbesserung führte zur Konstruktion und Anfertigung einer Schwanenhals-Feinregulagevorrichtung mit Mikroschraube. Außerdem wurden folgende 8 Werkteile hergestellt: Unruhkloben - Unruhklobenschraube - Unruhwelle - Spiralrolle - Goldchaton für Ankerrad-Rubin - Zwischenradtrieb - Aufzugwelle - Winkelhebelfeder.

unten rechts: Unruhkloben aus Messing, strichgeschliffen mit polierter Kantenbrechung, Klobenschraube. Feinregulierung aus gehärtetem Stahl mit Spiegelglanz-Oberfläche und feiner Kantenbrechung. 1/4 Umdrehung der Regulierschraube ergibt ca. 1 Sekunde Gangänderung in 24 Stunden.

oben rechts: Gehäuse 835 Silber. Krone und Bügel 585 Gelbgold. Handarbeit „Bernhard Schmeltzer“.

107-1 Gesellenarbeit „Bernhard Schmeltzer“ Oktober 1959, an einer Armbanduhr „Helvetia Kaliber 64“. Durchmesser 30 mm. Angefertigt wurden: Unruhwelle - Goldchaton für Sekundenrad-Rubin - Winkelhebelfeder - Aufzugwelle.

108-1 ***Skelett-Armbanduhrwerk, vergoldet,*** *Piguet Kaliber 99, Schweiz ca. 1975-1980 (technisch identisch mit 124-1). Dieses ultra-flache Uhrwerk von 20 mm Durchmesser wurde von der Firma Ami Wagnon in La Chaux-de-Fonds in Handarbeit zum Skelettwerk umgearbeitet und fein graviert. Es ist eine meisterliche Uhrmacherarbeit und ein Spitzenerzeugnis Schweizer Uhrmacherkunst. Das Armbanduhrgehäuse aus 750er Gelbgold mit Saphirglas und Saphirrückwand, Brillant-Stundenmarkierungen und Saphir-Goldkrone wird 1987 in der Werkstatt „Juwelier Schmeltzer" angefertigt.*

109-1 ***Damen-Anhängeruhr, 585 Gelbgold,*** *Gehäuse, Zifferblatt, Krone, Bügel, Kette und Kettenknopf in Gelbgold angefertigt, mit 4 Brillanten als Stundenmarkierung und farbigen Brillanten in der Krone, dem Bügelknopf und Kettenknopf. Handarbeit von Bernhard Schmeltzer 1978/1979. Vergoldetes Omega-Werk Durchmesser 18 mm. Zifferblatt und Werkseite durch Mineralglas geschützt.*

Ludwig Erhard 1897-1977

Armbanduhrwerk, Chronograph 1945-1955

Ludwig Erhard, 4.2.1897 - 5.5.1977

Ludwig Erhard, der „Vater des deutschen Wirtschaftswunders", wurde 1897 in Fürth geboren. Er war seit 1949 Bundeswirtschaftsminister und seit 1957 Vizekanzler. Seine „Soziale Marktwirtschaft", deren Zielsetzung er konsequent verfolgte, förderte den Wiederaufbau der Bundesrepublik und führte diese auf den Weg zu einer der bedeutendsten Industrienationen. Als Nachfolger Adenauers war Erhard von 1963 bis 1966 Bundeskanzler. Während seiner Amtszeit besuchte er am 2. April 1965 Duisburg.

Der mechanische Armbandchronograph

Chronographen besitzen ein Uhrwerk, das mit einem zusätzlichen Stoppwerk versehen ist. Dieses Stoppwerk wird durch Druck auf den Knopf oberhalb der Krone dem ständig laufenden Gehwerk zugeschaltet. Mit dem Anhalten des Stoppwerkes auf erneuten Knopfdruck kann die gestoppte Zeit abgelesen werden. Danach ist es möglich, das Stoppwerk erneut zu starten oder durch Druck auf den unteren Knopf zum Ausgangspunkt zurückzuführen. Fast alle mechanischen Chronographen sind heute nach diesem System konstruiert.

Zu unterscheiden sind Chronographen mit einer ablesbaren Meßzeit von 1/5 Sekunde bis zu 30 bzw. 45 Minuten oder einer Meßzeit bis zu 12 Stunden. Der Sekundenstoppzeiger ist wegen der besseren Ablesbarkeit als großer Zeiger in der Zifferblattmitte untergebracht. Minutenzählzeiger rechts und evtl. Stundenzählzeiger unten erlauben das Ablesen der gestoppten Minuten und evtl. Stunden. Der unabhängig und ständig laufende kleine Sekundenzeiger befindet sich links.

Uhrmacher unterscheiden die beiden Chronographenwerk-Typen mit Schaltrad (seit 1915) und ohne Schaltrad (seit 1945). Seit 1969 gibt es den Chronographen mit automatischem Aufzug, dessen Stoppzeiger häufig anders als üblich verteilt sind. Sehr selten werden Armbandchronographen mit einem zweiten Sekundenstoppzeiger (Schleppzeiger) hergestellt. Dieser Zeiger kann getrennt angehalten werden und eignet sich für Zwischenzeitmessungen.

Chronographen-Zifferblätter sind mit einer oder mehreren der folgenden Skalen ausgestattet: Tachymeter für Geschwindigkeitsmessungen, Pulsometer für Pulsmessungen, Telemeter für Entfernungsmessungen, 1/100 Minute für Industriemessungen und verschiedene Skalen für Schiffahrt, Sport usw.

111-2 Chronograph, Edelstahl,
Zenith, Schweiz ca. 1960-1970, verschraubtes Gehäuse mit Tauchring, Leuchtzahlen, Leuchtzeiger, 19steiniges Werk mit Schaltrad, schraubenlose Glucydur-Unruh, Durchmesser 43 mm.

111-1 Chronograph, 750 Gelbgold, *Eterna, Schweiz ca. 1950-1955, 12-Stunden-Zähler; feines, rhodiniertes Chronographenwerk mit Schaltrad und Stoßsicherung, Chronographenteile matt geschliffen mit polierten Kanten, Glucydur/Nivarox, 17 Rubine, Durchmesser 37 mm.*

112-2 ***Herrenuhr, Edelstahl,*** *Omega, Schweiz ca. 1965-1975, einteiliges Stahlgehäuse, wasserdicht, geschliffenes Zifferblatt, stahlblau mit weißem Aufdruck, 17steiniges Präzisionswerk, Start-Stop-Mechanik für den Sekundenzeiger über einen Drücker, Durchmesser 41 mm.*

112-1 ***Chronograph, 750 Roségold,*** *Landeron, Schweiz ca. 1955-1960, sehr einfaches Goldgehäuse, einfaches Werk ohne Schaltrad, Neusilber-Unruh/Nickel-Stahl-Spirale, Incabloc-Stoßsicherung, Durchmesser 37 mm.*

113-3 **Chronograph, Edelstahl,** *Omega, Schweiz 1985, numeriertes Modell 0016 einer Sonderauflage der Speedmaster Professional, die von 1965 bis heute die Astronauten im Weltall begleitet. Gehäuseboden mit Saphirglas, von Hand montiertes und fein nachgearbeitetes Chronographenwerk, Durchmesser 42 x 48 mm.*

113-1 **Chronograph, Edelstahl,** *Omega, Schweiz ca. 1965-1975, wasserdichtes Edelstahlgehäuse mit Mineralglas, feines Chronographenwerk mit Feinregulierung, 12-Stunden-Zähler, Modell Omega-Speedmaster-Mark II, Durchmesser 41 x 45 mm.*

113-2 **Chronograph, Edelstahl,** *Omega, Schweiz ca. 1960-1970, Modell Seamaster, wasserdicht, Werk identisch mit 113-1, Durchmesser 39 x 43 mm.*

114-1 **Chronograph, Doublé,** *Dugena/Valjoux, Deutschland/Schweiz ca. 1970-1975, Schalthebelwerk, Incabloc, 17 Rubine, wassergeschütztes Gehäuse mit Edelstahl-Schraubboden, Durchmesser 37 x 45 mm.*

114-3 **Chronograph, Edelstahl,** *Dugena, Deutschland ca. 1970-1975, wassergeschütztes Gehäuse, versilbertes Zifferblatt mit Sekundenzahlen 5-60, 1/100-Minuten-Skala und Tachy-Skala, Leuchtmasse, rote Stoppzeiger, Durchmesser 39 x 44 mm (Werk identisch mit 114-1).*

114-2 **Chronograph, Edelstahl,** *Dugena, Deutschland ca. 1970-1975, wassergeschütztes Gehäuse, Zifferblatt weiß/blau/schwarz, rote Stoppzeiger, Kalender, Durchmesser 38 x 41 mm (Stoppwerk identisch mit 114-1).*

*115-2 **Automatic-Chronograph, Edelstahl,** Heuer, Schweiz ca. 1970-1980, Rotor mit Kugellager, einseitig aufziehend, schnellschwingende Unruh, Feinregulage, Unruh-Halt bei herausgezogener Krone, Minutenstoppzeiger oben, wasserdichtes Gehäuse Durchmesser 40 x 43 mm.*

*115-1 **Automatic-Chronograph, Edelstahl,** Omega, Schweiz, 1973 zum 125jährigen Jubiläum aufgelegt, kugelgelagerter Rotor, Feinregulage, Chronometer mit Gangzeugnis, Minutenstoppzeiger aus der Zifferblattmitte, 12-Stunden-Zähler, 24-Stunden-Blatt unter dem kleinen Sekundenzeiger, wasserdichtes Schraubgehäuse Durchmesser 40 x 51 mm.*

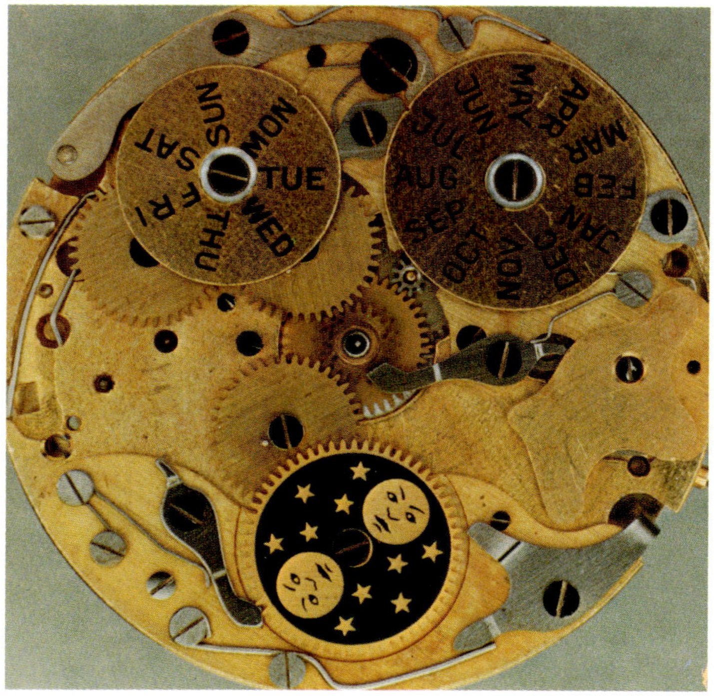

Theodor Heuss, 31. 1. 1884 - 12. 12. 1963

Theodor Heuss, der erste Präsident der Bundesrepublik Deutschland von 1949 bis 1959, wurde 1884 in Brakkenheim/Württ. geboren. Er war Dozent an der Hochschule für Politik in Berlin und Mitglied des Reichstages. Beide Ämter mußte er 1933 aufgeben. Nach dem 2. Weltkrieg wurde Heuss Kultusminister von Baden-Württemberg und hatte als Mitglied des Parlamentarischen Rates maßgeblichen Anteil an der Schaffung des Grundgesetzes. Bis zu seiner Amtszeit als Bundespräsident war er Professor für Geschichte an der TH Stuttgart. Er besuchte Duisburg anläßlich des Binnenschiffahrtstages 1955. Heuss war auch schriftstellerisch tätig und erhielt den Friedenspreis des deutschen Buchhandels.

Armbanduhren für verschiedene Aufgaben

Die ersten Armbanduhren mit ***Kalenderanzeige*** *entstanden zwischen 1920 und 1930 mit digitaler Anzeige in einem kleinen Fenster unter der 12 oder mit einem zentral angeordneten Zeiger, der auf die am Zifferblattrand angeordneten Datumszahlen zeigte. Seit etwa 1955 befindet sich das Kalenderfenster neben der 3, ab 1965 häufig durch die Tagesangabe ergänzt. Zifferblätter mit Mondphase oder Monatsanzeige gehörten zu den Seltenheiten.*

Militäruhren *zeichnen sich durch ein besonders widerstandsfähiges Gehäuse und zuverlässiges Werk aus. Man erkennt sie auch an dem schwarzen Zifferblatt mit Leuchtzahlen, Leuchtzeigern und Sekundenzeiger.*

Arztuhren *besitzen eine Pulsometerskala und Sekundenzeiger, so daß der Pulsschlag eines Patienten vom Arzt sofort abgelesen werden kann.*

Uhren mit ***Rechenschieber*** *auf dem drehbaren Glasrand waren bei Technikern und Ingenieuren sehr beliebt, bis der elektronische Taschenrechner sie bedeutungslos machte. Um 1950 entwickelten verschiedene Uhrenfabriken mit dem* ***Armbandwecker*** *praktische Uhren auch zur Einhaltung von Terminen, mit Handaufzug oder automatischen Kalenderuhrwerken. Im Vergleich zur Gesamtproduktion der Armbanduhren blieb der Armbandwecker jedoch unbedeutend.*

Die ***Taucheruhr*** *ist für den Hobby- und Berufstaucher unentbehrlich geworden, hängt doch das Leben des Tauchers von der richtig eingehaltenen Dekompressionszeit ab. So müssen diese Uhren absolut wasserdicht und zuverlässig sein und einen gegen unabsichtliches Verstellen gesicherten Drehring besitzen. Minutenzeiger und Markierungen in entsprechender Größe müssen sich auch im Dämmerlicht tiefer Gewässer mühelos ablesen lassen.*

117-3 **Herrenuhr, Doublé,** Aube/Venus, Schweiz ca. 1945-1950, Datum-Wochentag-Monat-Mondstand, indirekt angetriebene Zentralsekunde, Breguet-Spirale, Kalenderverstellung mit 2 Knöpfen im Gehäuse an der 8 und 10, Durchmesser 35 mm.

117-2 **Herrenuhr, verchromt,** Schweiz ca. 1940-1950, Kalenderanzeige für das Datum durch Zeiger mit Pfeil, Wochentag links und Monat rechts, kleine Sekunde, 2 Schieber unter dem Stahlboden lassen die Kalenderanzeigen verstellen.

117-1 **Herrenuhr, Doublé,** Cornavin, Schweiz ca. 1940-1950, Datumfenster mit 2 Kalenderscheiben, die mit einem Drücker an der 2 verstellt werden können, wassergeschütztes Gehäuse, Durchmesser 33 x 41 mm.

118-2 **Militäruhr, Edelstahl,** *Zenith, Schweiz ca. 1940-1950, Radium-Leuchtzahlen und -Zeiger, Schraubboden mit Bleidichtung, Krone mit Gummidichtung, eingesprengtes Plexiglas, Incabloc-Stoßsicherung, indirekte Zentralsekunde, Glucydur-Unruh und Nivarox-Spirale, Gehäuse wasserdicht Durchmesser 34 mm (Fliegeruhr der Schweizer Luftwaffe).*

118-1 **Militäruhr, Edelstahl,** *Cyma, Schweiz ca. 1935-1945, Zifferblatt mit Leuchtmarkierungen, Leuchtzeiger, Werk ohne Stoßsicherung. Breguet-Spirale, Neusilber-Unruh, 15 Rubine, seltene Spiralbefestigung, verschraubtes Stülpglas und verschraubter Gehäuseboden, Bleidichtung, Krone mit Gummidichtung, Werk durch Staubdeckel geschützt, Gehäuse wasserdicht Durchmesser 38 mm (Fliegeruhr der britischen Luftwaffe).*

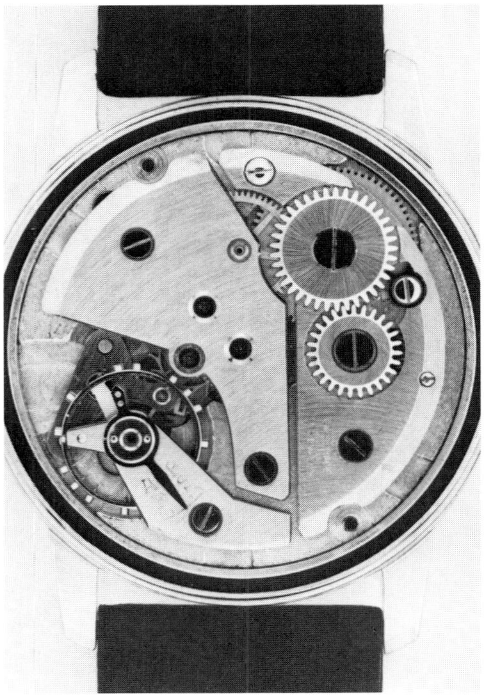

119-1 Doktoruhr, verchromt, *Schweiz ca. 1940-1950, Zifferblatt für die Stunde (oben), Minute (unten), Sekunde (zentral). Vernickeltes, 15steiniges Ankerwerk ohne Stoßsicherung. Neusilber-Unruh und Nickel-Stahl-Spirale, Durchmesser 34 mm (Der große Sekundenzeiger ohne Minuten- und Stundenzeiger ermöglicht ein störfreies Abzählen des Pulsschlages).*

119-2 Rechenschieberuhr, verchromt, *Schweiz ca 1965-1975; einfaches, vernickeltes Ankerwerk (FHF), der drehbare Glasrand dient zum Gebrauch als Rechenschieber, Durchmesser 40 mm.*

120-2 **Armbandwecker, Doublé,** *Dugena/AS, Deutschland/Schweiz ca. 1965-1975, 2 Zugfedern, obere Krone für Weckzeit, Weckfeder, und um das Weckwerk ein- oder auszuschalten, wassergeschütztes Gehäuse mit verschraubtem Boden, Durchmesser 37 x 41 mm.*

120-1 **Herrenuhr mit Weckwerk, Doublé,** *Framont/Venus, Schweiz ca. 1960-1970. Mit dem drehbaren Glasrand läßt sich ein Terminwerk einstellen, so daß z. B. bei abgelaufener Parkzeit ein Wecksignal ertönt. Zugfeder für Geh- und Weckwerk, 2 Knöpfe zum Einschalten der verschiedenen Funktionen.*

121-2 **Armbandwecker, Edelstahl,** *Dugena/AS, Deutschland/Schweiz ca. 1970-1975, wasserdichtes Gehäuse, automatischer Aufzug für das Gehwerk; Feinregulage, Schnellschwinger, Weckwerk über die Krone an der 4 aufzuziehen und zu stellen, Kalenderschnellschaltung, Durchmesser 40 mm.*

121-1 **Armbandwecker, Edelstahl,** *Enicar/Lemania, Schweiz ca. 1970-1975, wasserdichtes Gehäuse, stahlblaues Blatt mit grauer Mitte, automatisches Werk, beidseitig die eine Zugfeder für Geh- und Weckwerk aufziehend. Feinregulage, Weckdauer 8 Sekunden, oberer Knopf für Weckfunktionen, seitlicher Drücker für Kalenderschaltung. Durchmesser 38 x 43 mm.*

122-2 **Taucheruhr, Edelstahl,** *Dugena-Fortis/Eta, Schweiz ca. 1970-1975, schwarz überzogenes Gehäuse und Band, Mineralglas, einseitig drehbarer Tauchring, Skala für Tauchtiefen-Richtwerte, Staubschutz-Innendeckel und Schraubboden, wasserdicht bis 20 Atm., Rotor mit Berylliumlager und Klinkenrädern, beidseitig aufziehend, schnellschwingende Unruh, Werkdurchmesser 25 mm, Durchmesser 43 x 45 mm.*

122-1 **Taucheruhr, Edelstahl, Tiefenmesser,** *Dugena/Eta, Schweiz ca. 1965-1975, einseitig drebarer Tauchring; kreisförmige Bohrung im Glas, die sich je nach Wassertiefe durchsichtig verändert und einen roten Kreis sichtbar macht, der die Tauchtiefe 1 bis 150 Meter anzeigt. Verschraubtes Gehäuse, wasserdicht bis 20 Atm., kugelgelagerter Rotor, beidseitig aufziehend, Klinkenräder, Durchmesser 42 x 47 mm.*

123-2 ***Digital-Damenuhr, Messing rhodiniert,*** *Dugena-Pallas/Otero, Deutschland ca 1970-1975, Zahlenscheiben für Stunde und Minute, dunkelblaues Zifferblatt, einfaches Werk mit 17 Rubinen, Edelstahl-Druckboden, Durchmesser 26 mm.*

123-1 ***Kunststoffuhr, Fiberglas-Werk,*** *Tissot, Schweiz ca 1970-1975, verschraubter Stahlboden, Stahl-Glasrand; bis auf wenige Teile besteht das Werk ganz aus Kunststoff und ist wartungsfrei. Das Aufkommen der Quarzuhr verhinderte den Verkaufserfolg dieser Neukonstruktion auf dem Uhrenmarkt. Durchmesser 37 x 41 mm.*

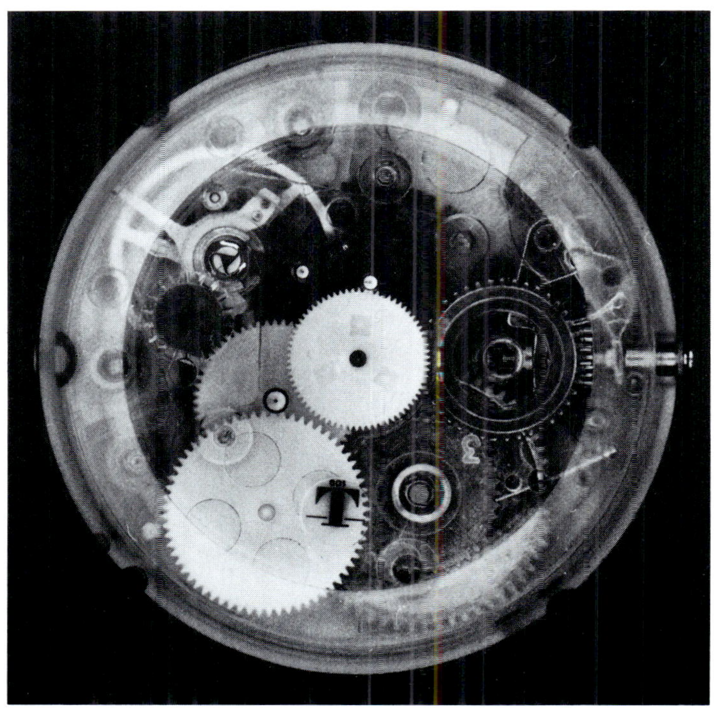

124-3 ***Damen-Taschenuhr, 800 Silber,*** *Chopard. Schweiz ca. 1970-1980, poliertes Gehäuse mit Sprungdeckel, Uhrwerk Jaeger le Coultre Kaliber 895, Durchmesser 20 mm, Handaufzug, Incabloc-Stoßsicherung, Durchmesser 29 mm.*

124-1 ***Anhängeruhr, 750 Gelbgold,*** *Chopard. Schweiz ca. 1970-1980, schweres Gehäuse mit 60 Diamanten, die in Weißgold gefaßt sind. Goldzifferblatt, Saphirglas, sehr flaches Werk Piguet Kaliber 99, Durchmesser 20 mm, Gehäuseboden mit 6 Schrauben befestigt, Durchmesser 26 x 42 mm (diese sehr flache Werkkonstruktion benötigt keine Stoßsicherung!).*

124-2 ***Anhängeruhr im US-Dollar, 900 Gold,*** *Maurice Guerdat. Schweiz ca. 1970-1975 (Werk identisch mit 124-1). Das Gehäuse ist aus 2 US-Dollar-Goldmünzen angefertigt und läßt sich durch einen in der Außenriffelung integrierten Knopf öffnen. Das Innengehäuse mit Werk ist aufklappbar, so daß die Uhr bequem aufgezogen und gestellt werden kann. Durchmesser 34 mm, Höhe 4 mm.*

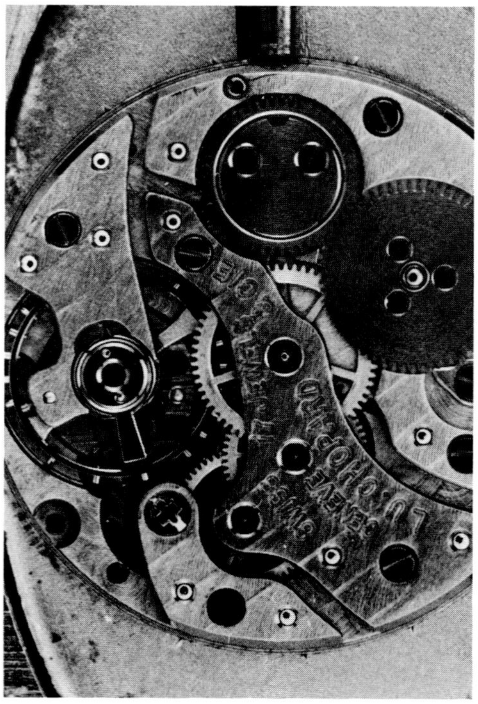

125-2 Anhängeruhr, 800 Silber, *Arctos/FE. Deutschland/Frankreich ca. 1975-1980. sandbestrahltes Gehäuse. Silberbarren unter dem Uhrglas. Durchmesser 19 x 46 mm.*

125-1 Anhängeruhr, 925 Silber, *Jeunesse/FHF. Deutschland/Schweiz ca. 1975-1980. Handaufzug-Werk Durchmesser 15 x 18 mm. vergoldetes Zifferblatt. Durchmesser 22 x 40 mm.*

125-3 Spangenuhr, 925 Silber, *Jeunesse/FHF. Deutschland/Schweiz ca. 1975-1980. Handaufzug-Werk Durchmesser 15 x 18 mm. Schutzklappe über dem Zifferblatt. Oberteil-Breite 28 mm.*

125-4 Anhängeruhr, Flaqué, *Dugena/FHF. Deutschland/Schweiz ca. 1975-1980. Replica mit imitierten Perlen und lackiertem Zifferblatt. Durchmesser 25 mm.*

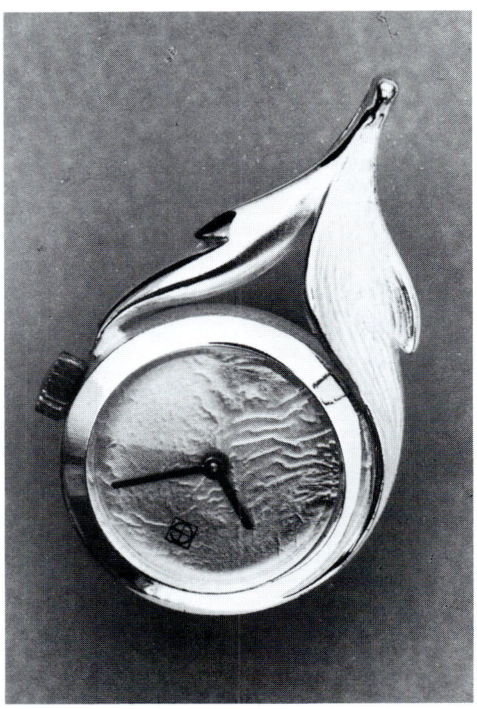

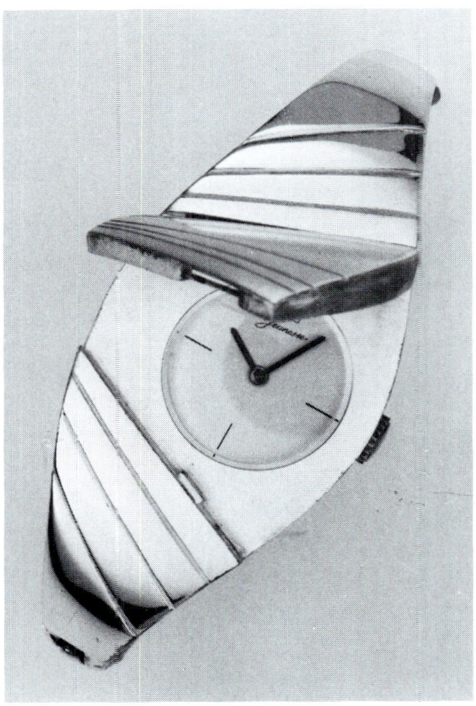

Charles de Gaulle 1890-1970

Charles de Gaulle, 22.11.1890 - 9.11.1970

Charles de Gaulle wurde 1890 in Lille geboren. Er war seit 1940 General und von 1958 bis 1969 Staatspräsident von Frankreich. Als solcher hatte er große politische Macht und war dem französischen Volk direkt verantwortlich. Für die deutsch-französische Beziehung ist der Freundschaftsvertrag, den er 1963 mit Adenauer abschloß, von großer Bedeutung.

De Gaulle besuchte Duisburg am 6. September 1962. Vor über 3000 Hüttenarbeitern, die ihn begeistert feierten, machte er in seiner Ansprache folgende Aussage: ,,Was heute in diesen Werken erzeugt wird, erweckt in meinem Lande nunmehr nur noch Sympathie und Befriedigung. In Ihnen begrüße ich das ganze schaffende deutsche Volk. Sie alle fordere ich auf, zusammen mit mir ein neues Ereignis zu feiern, das größte unseres modernen Zeitalters, die Freundschaft zwischen Deutschland und Frankreich.''

Uhrwerk, Unruh-Elektronik 1960-1965

Die elektronische Armbanduhr

Mit dem Fortschritt der Elektronik nach dem 2. Weltkrieg und mit der Entwicklung des Transistors, kleinster Batterien und der integrierten Schaltung begann auch für die Armbanduhrtechnik ein neues Zeitalter.

Das Ziel der Ingenieure, ein ganggenaues Uhrwerk zu schaffen, das durch wenige bewegliche Teile eine geringere Abnutzung und Störanfälligkeit als herkömmliche Uhren aufwies, führte Ende der 50er Jahre zur Fertigung der ersten elektronischen Armbanduhr. Eine knopfgroße Batterie versetzte die Unruh über deren Magnetanker in Schwingungen, die mechanisch auf das Räderwerk und die Zeiger übertragen wurden. Das Problem, täglich ca. 300.000 Stromschaltungen vorzunehmen, konnte durch den Einbau des Transistors gelöst werden. Die Genauigkeit dieser Uhr entsprach etwa der Genauigkeit eines mechanischen Armbandchronometers.

Erst mit der Entwicklung der Stimmgabeluhr nach 1960, deren Resonator 360 oder später 720 Schwingungen in der Sekunde macht, gelang der entscheidende Schritt zur größeren Präzision der Armbanduhr (1 Sekunde Abweichung täglich).

Ab 1968 schließlich begann der Siegeszug der Armbanduhr mit Quarz-Schwinger, dessen Frequenz zwischen 8192 und 4.200.000 in der Sekunde liegt. Die heute gebräuchlichen Quarzuhren mit einer Schwingungszahl von 32768 in der Sekunde erreichen Ganggenauigkeiten, die noch vor wenigen Jahrzehnten für ausgeschlossen galten (ca. 1 Sekunde Abweichung im Monat).

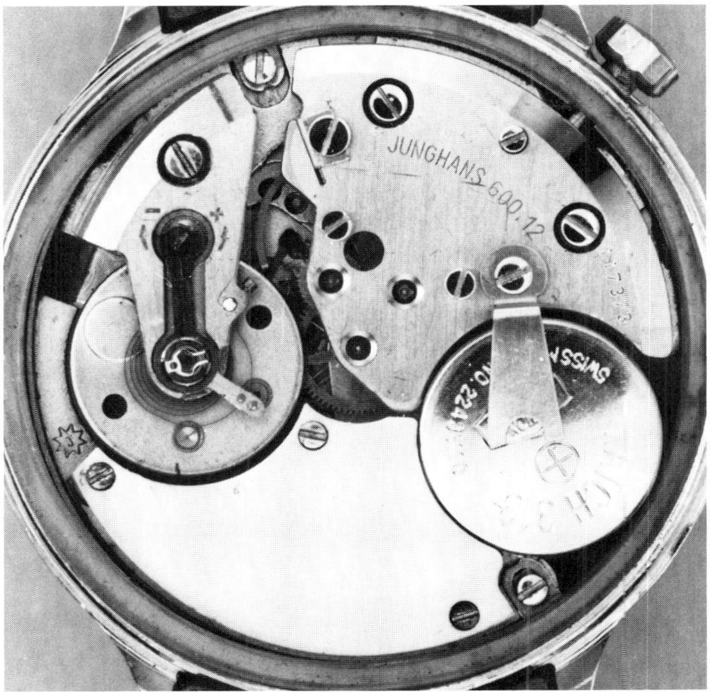

127-3 **Herrenuhr, Edelstahl,** *Junghans, Deutschland ca. 1965-1970, wassergeschützt, transistorgesteuerte Unruh, 21600 Schwingungen/Std., 17 Rubine, Durchmesser 36 x 40 mm.*

127-2 **Herrenuhr, Edelstahl,** *Tissot/ESA, Schweiz ca. 1965-1975, wassergeschützt, Unruh zur Zeigerstellung anhaltbar, Feinregulierung, 13 Rubine, Werkdurchmesser 28 mm, Durchmesser 37 x 40 mm.*

127-1 **Herrenuhr, 585 Gelbgold,** *Oro/PUW, Deutschland ca. 1960-1965, wassergeschützt, geschliffenes Gehäuse, Spulen-Unruh, 3 Transistoren, 3 Widerstände, 1 Kondensator, 7 Rubine, Incabloc, 28800 Unruhschwingungen, 2 Spiralfedern, Durchmesser 40 mm.*

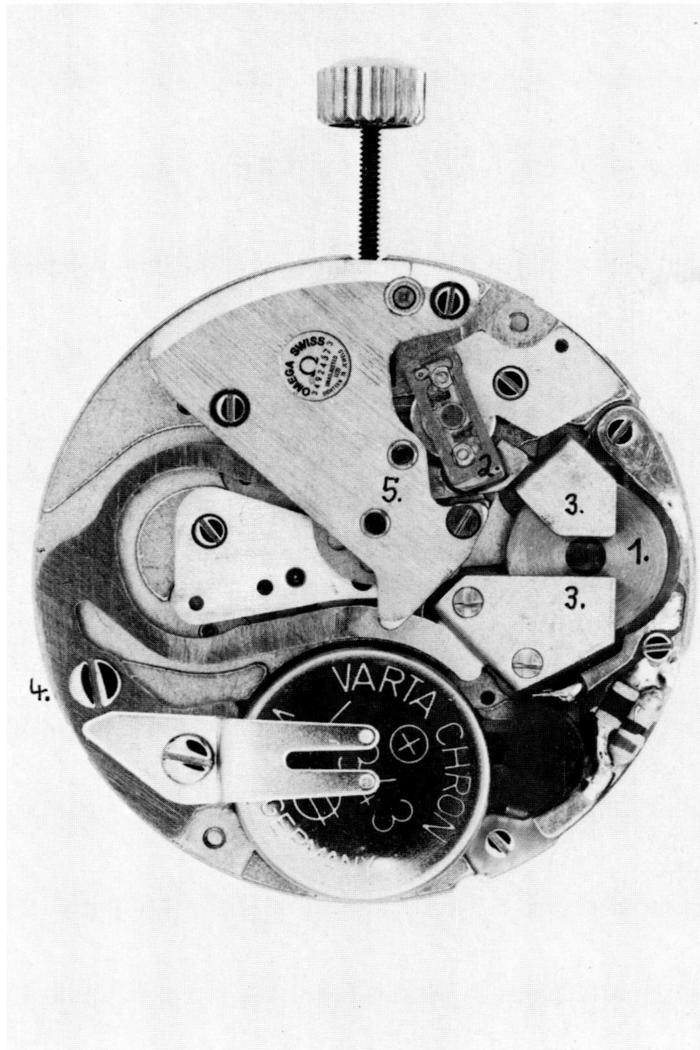

128-1 **Herrenuhrwerk,** *Omega/ESA. Schweiz ca. 1970-1975. Stimmgabelschwinger 720 Hz, fest montierte Spule (1.). Rubinklinken-Getriebe in geschlossenem Element (2.), frei schwingende Stimmgabel-Enden (3.). Stimmgabel-Befestigung (4.). 18 Rubine (5.). Werkdurchmesser 29 mm.*

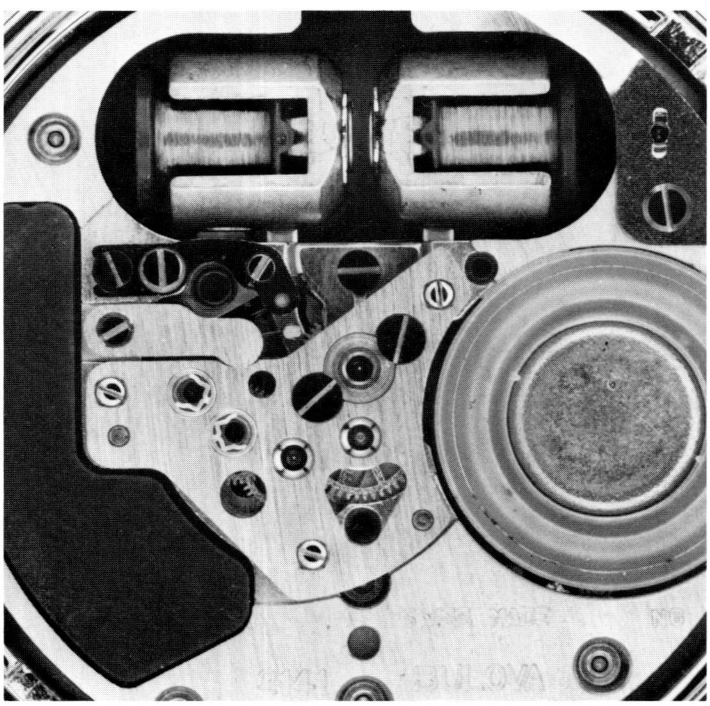

128-2 **Herrenuhr, Edelstahl,** *Bulova, Schweiz ca. 1965-1970. Stimmgabelschwinger 360 Hz, sichtbares Uhrwerk unter Mineralglas in Zifferblattmitte. Durchmesser 36 x 42 mm.*

Die Stimmgabeluhr

Diese Uhr besitzt statt der Unruh einen stimmgabelähnlichen Gangregler. In Höhe der beiden frei schwingenden Stimmgabel-Arme ist je eine Antriebsspule befestigt. Die Batterie versetzt die Stimmgabel über einen elektronischen Schaltkreis in gleichmäßige Schwingungen. Eine an einem Stimmgabelarm befestigte Rubinklinke überträgt die 300 (bis 720) Schwingbewegungen je Sekunde auf das mit 300 Zähnen versehene Antriebsrad, das diese Kraft wiederum an die Zeiger weitergibt. Uhren mit Stimmgabelresonator sind an dem gleichmäßigen Summton der Rubinklinke zu erkennen. Die Stimmgabeluhr wird heute nicht mehr hergestellt.

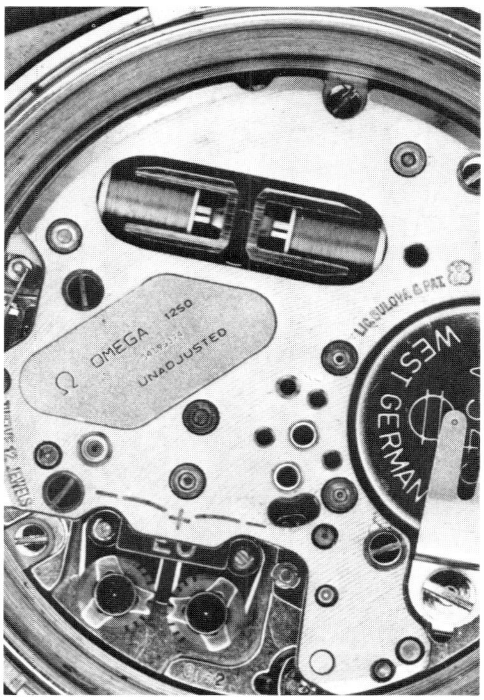

129-2 ***Herrenuhr, Edelstahl,*** *Omega/ESA, Schweiz ca. 1965-1970, Mineralglas, wassergeschützt, Stimmgabelschwinger 300 Hz, Durchmesser 41 x 46 mm.*

129-1 ***Chronograph, Edelstahl,*** *Omega/ESA, Schweiz ca. 1975-1980, Mineralglas, Schuppenband, wassergeschützt, 12-Std.-Zähler, Stimmgabel 300 Hz, Werkdurchmesser 30 mm, Durchmesser 44 x 46 mm.*

130-3 Herrenuhr, Edelstahl (oben rechts), *Pulsar, USA ca. 1970-1975, LED, Stunde-Minute-Sekunde, Rechner, synth. Rubin-Uhrglas, wassergeschützt, Durchmesser 41 x 47 mm.*

130-2 Herrenuhr, Edelstahl (oben links), *Pulsar, USA ca. 1970-1975, LED, Stunde-Minute-Sekunde-Tag-Datum, synth. Rubin-Uhrglas (kratzfest), wassergeschützt, Durchmesser 37 x 41 mm.*

Die Quarz-LED-Armbanduhr

Die integrierte Schaltung der LED-Uhr (Light Emitting Diodes) untersetzt die 32768 Schwingungen des Quarzes in eine Schwingung je Sekunde. Dieser Sekunden-Impuls löst nach 60 Sekunden den Minutenimpuls und nach 3600 Sekunden den Stundenimpuls aus. Ein Dekodiersystem verwandelt diese Impulse in Zahlenwerte, die auf Knopfdruck mittels Leuchtdioden digital angezeigt werden. Die Energie für diese Uhren liefern zwei Knopfzellen.

130-1 Herrenuhrwerk, *Pulsar, USA ca. 1970-1975, LED-Modul, Anzeige für Stunde und Minute auf kurzen Druck (Anzeige für Sekunde auf über 2 Sekunden langen Druck) des unteren Knopfes. Das Datum erscheint, wenn der obere Knopf gedrückt wird. Der obere Punkt zwischen Stunde und Minute bezeichnet die Stunden 0 bis 11.59 Uhr, der untere Punkt, 12.00 bis 23.59 Uhr. 2 Batterien, die je nach Häufigkeit der Zeitangabe ca. 4 bis 18 Monate lang Strom abgeben.*

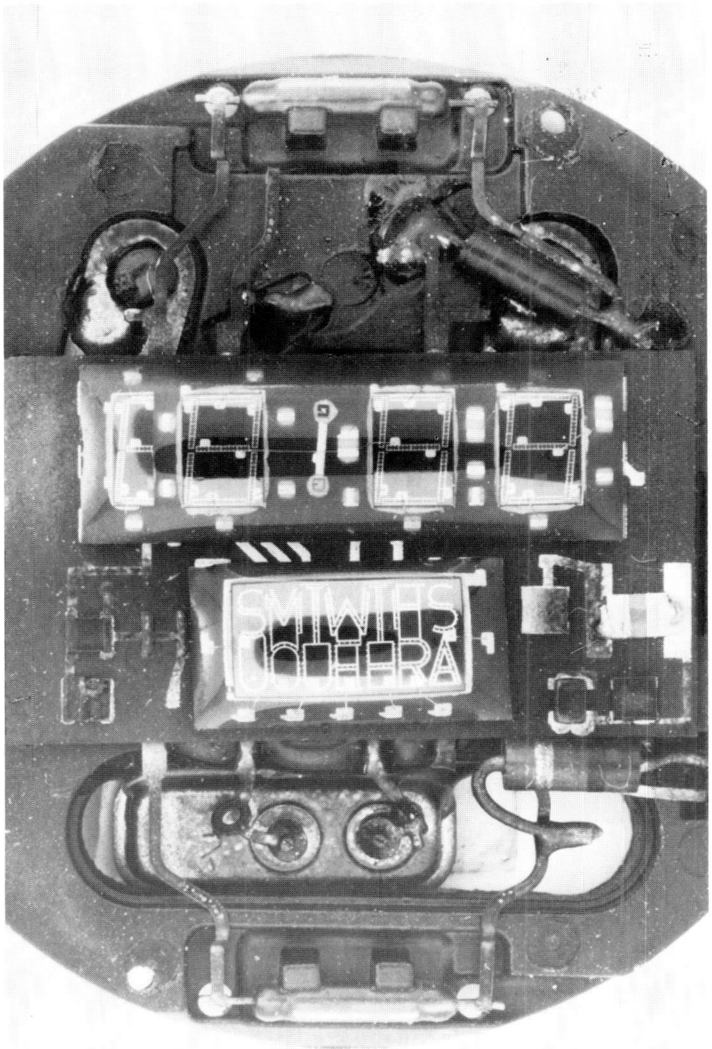

131-1 ***Herrenuhr, Gold/Edelstahl,*** *Omega/Pulsar, Schweiz/USA ca. 1975, LED, Stunde-Minute-Sekunde-Datum, synth. Rubin-Uhrglas, wassergeschütztes Gehäuse, Durchmesser 40 x 53 mm (Mit einem kleinen Magneten, der im Verschluß untergebracht ist, lassen sich die Uhrzeit und der Kalender einstellen, wenn man den Magneten in eine der beiden Vertiefungen des Gehäusebodens hält).*

131-2 ***Herrenuhr, Aluminium,*** *Dugena/Lip, USA/Thailand/Frankreich/Deutschland ca. 1970-1975, rotes Plexiglas, geschwärztes Gehäuse, einfaches LED-Modul für Zeit und Datum, Durchmesser 35 x 42 mm.*

132-1 **Herrenuhr, Edelstahl,** *Zenith, Schweiz ca. 1975-1980, Quarz-Analog-Werk für Stunde und Minute, Quarz-LED-Werk für Sekunde und Datum unter synth. Rubin-Uhrglas, gewölbtes Plexiglas über dem Analog-Zifferblatt, wassergeschütztes Gehäuse Durchmesser 34 x 39 mm.*

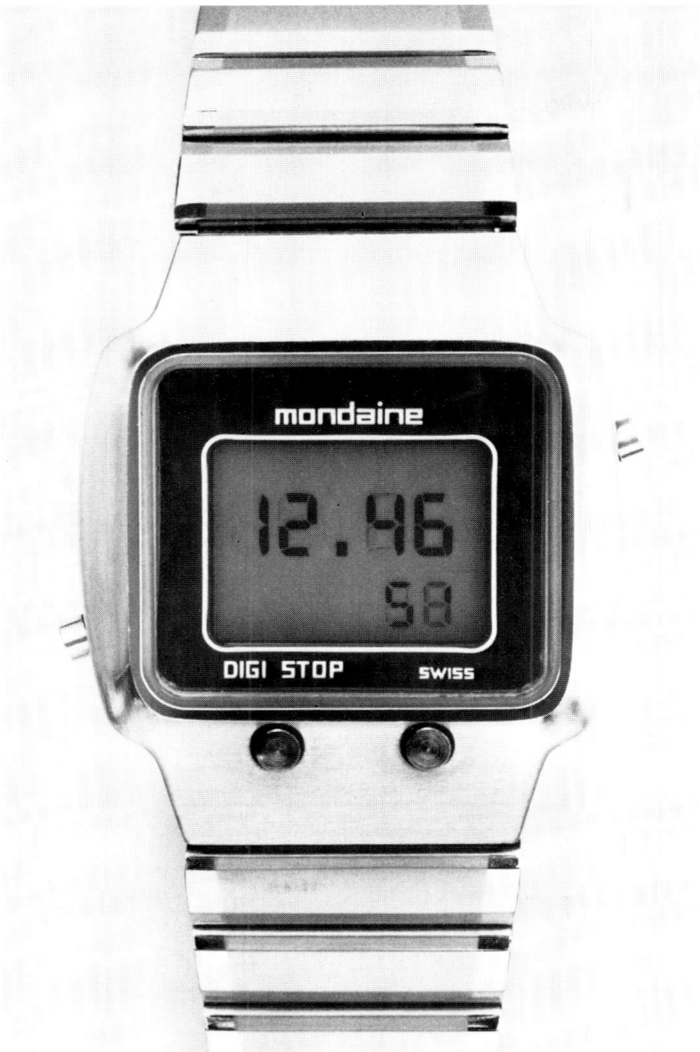

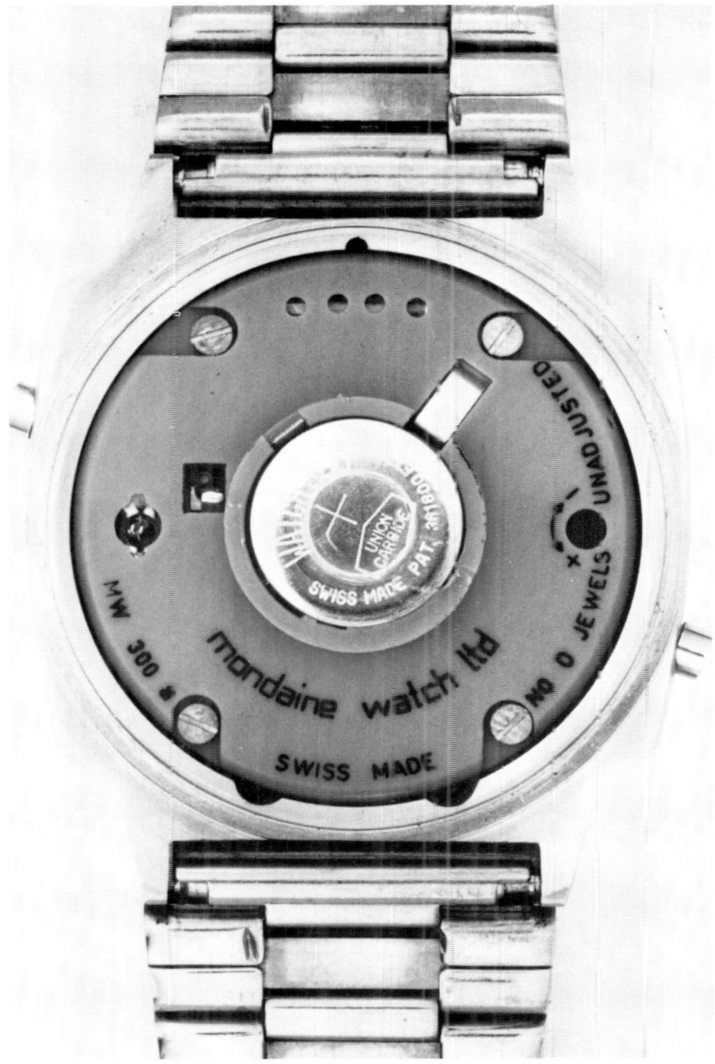

133-2 **Herrenuhr, Edelstahl,** Mondaine/Brown Boveri, Schweiz ca. 1975-1980, 1. LCD-Chronograph, Stunde-Minute-Sekunde-Monat-Tag-Datum und 1/100-Sekunden-Chronograph mit Zwischenzeitmessung. Mit einem Knopf an der Gehäuseseite läßt sich die Uhr in 5/100-Sekunden-Abweichungen regulieren. Mineralglas, Zifferblattbeleuchtung, Durchmesser 36 x 42 mm.

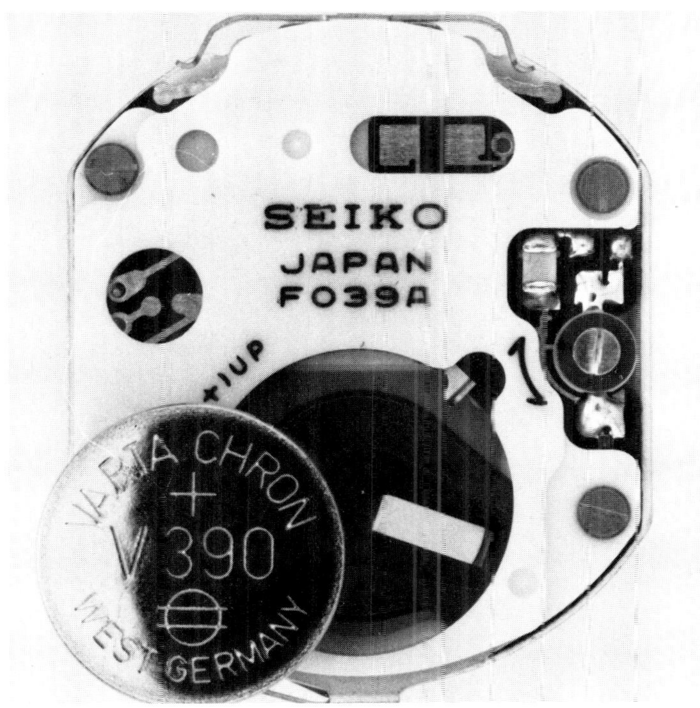

133-1 **Herrenuhrwerk,** Seiko, Japan ca. 1975-1980, LCD-Modul, Anzeige von Stunde-Minute-Sekunde-Datum, Zifferblattbeleuchtung auf Knopfdruck, Durchmesser 22 x 26 mm.

Die Quarz-LCD-Armbanduhr

Der Vorteil der Digital-LCD-Armbanduhr (Liquid Crystal Display) gegenüber dem LED-System liegt darin, daß die Uhrzeit bei diesem Uhrentyp ständig sichtbar ist. Das wird durch den sehr geringen Stromverbrauch der Flüssigkristall-Anzeigenscheibe ermöglicht. Im übrigen entspricht das Schaltsystem der LCD genau dem Aufbau der Elektronik in der LED-Uhr.

134-2 ***Herrenuhr, Edelstahl,*** *Seiko, Japan ca. 1975-1980, LCD-Weltzeit-Alarm, Mineralglas, Tag, Datum, Zifferblattbeleuchtung. Wenn mittels Knopfdruck ein Markierungspunkt um das Blatt herumbewegt wird, verändert sich die Stundenanzeige entsprechend der markierten Zeitzone. Durchmesser 34 x 39 mm.*

134-3 ***Herrenuhr, Plaqué,*** *Dugena/Ricoh, Japan ca. 1975-1980, Mineralglas, Stunde-Minute-Sekunde-Datum, Durchm. 33 x 37 mm.*

134-1 ***Herrenuhr, Edelstahl,*** *Dugena, Süd-Korea ca. 1975-1980, LCD-Alarm-Chronograph, Stunde-Minute-Sekunde-Tag-Datum-Wecker, 1/100-Sek.-Stoppwerk mit Zwischenzeit, Zifferblattbeleuchtung, Mineralglas, Durchmesser 35 x 39 mm.*

135-2 Damenuhr, Edelstahl, *Seiko, Japan ca. 1980, Quarz-Analog. Digital für: Tag, Datum, 2. Uhrzeit, Sekunde, Weckzeit, Wecker ein/aus, Batterie-Wechselanzeige. Alle Funktionen werden über die Krone eingestellt. Durchmesser 25 x 31 mm.*

135-1 Herrenuhr, Edelstahl, *Dugena/ESA, Deutschland/Schweiz ca. 1980, Quarz-Analog-Werk für Stunde und Minute, Quarz-LCD-Werk für 2. Uhrzeit, Sekunde, Datum, Weckzeit Mineralglas, Durchmesser 32 x 37 mm.*

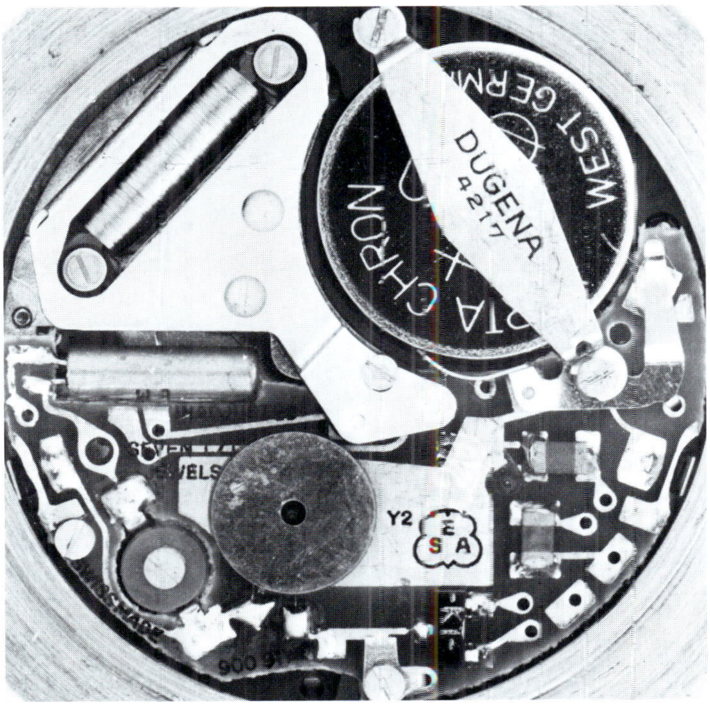

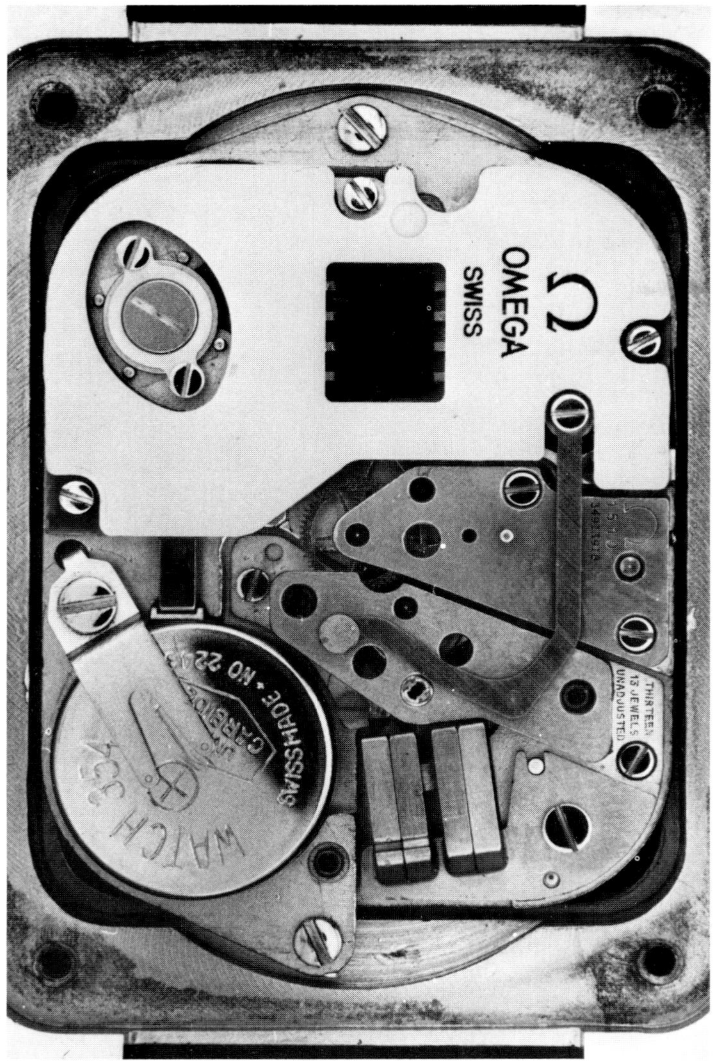

136-1 **Herrenuhrwerk,** *Omega/ESA, Schweiz ca. 1975-1980, Quarz 32768 Hz (1.), Schrittschaltmotor (2.), Kalenderscheibe (3.), Räderwerk (4.), integrierte Schaltung (5.). 15 Rubine, Durchmesser 26 mm.*

136-2 **Herrenuhr, Edelstahl,** *Omega, Schweiz ca. 1975-1980, Quarz 2, 4 MHz, Mineralglas, wassergeschützt, Kalender, Sekundenstopp auf Knopfdruck. Ganggenauigkeit ± 1 Sekunde/Monat. Durchmesser 33 x 48 mm.*

Die Quarz-Analog-Armbanduhr

Die integrierte Schaltung der seit 1968 produzierten Quarz-Armbanduhr mit Zeigern setzt die Frequenz des Quarzes, meist 32768 Hz, durch vielfache Halbierung herab und sendet jede Sekunde einen elektrischen Impuls an den Schrittschaltmotor, der das Räderwerk, die Kalenderscheibe und die Zeiger antreibt. Analog-Quarzuhren guter Qualität sind äußerst zuverlässig und ganggenau. Die Betriebsspannung der Batterie reicht meist für 2 Jahre Gangdauer.

137-3 ***Herrenuhr, Edelstahl,*** *Omega/ESA, Schweiz ca. 1975-1980, Quarz 32768 Hz (Werk identisch mit 136-1), Saphirglas, Durchmesser 34 x 40 mm.*

137-1 ***Herrenuhr, Edelstahl,*** *Omega/ESA, Schweiz ca. 1975-1980, Quarz 32768 Hz, Saphirglas, Weißgold-Zeiger und -Stundenbalken, poliertes Gehäuse Durchmesser 34 x 39 mm.*

137-2 ***Damenuhr, Edelstahl,*** *Omega/ESA, Schweiz ca. 1975-1980, Quarz 32768 Hz, Saphirglas, Weißgold-Zeiger und -Stundenbalken, Minutenverstellung durch kurzen Druck auf einen im Gehäuse versenkten Knopf, Stundenverstellung durch anhaltenden Druck. Durchmesser 19 x 25 mm.*

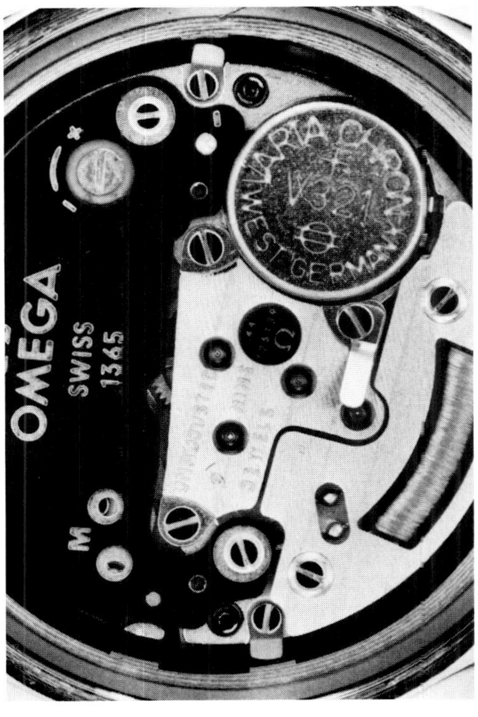

138-2/3 Damen- und Herrenuhr, Edelstahl, *Eterna/ESA, Schweiz ca. 1975-1980, Quarze 32768 Hz, einschalige Gehäuse mit aufgeschraubten Glasrändern, Saphirgläser, Schraubkronen, wasserdicht, Durchmesser 30 x 33 bzw. 38 x 42 mm.*

138-1 Herrenuhr, 750 Gelbgold, *Eterna/ESA, Schweiz ca. 1975-1980, Quarz 32768 Hz, vergoldetes Zifferblatt, Gold-Zeiger und -Stundenbalken, Mineralglas, Durchmesser 35 mm.*

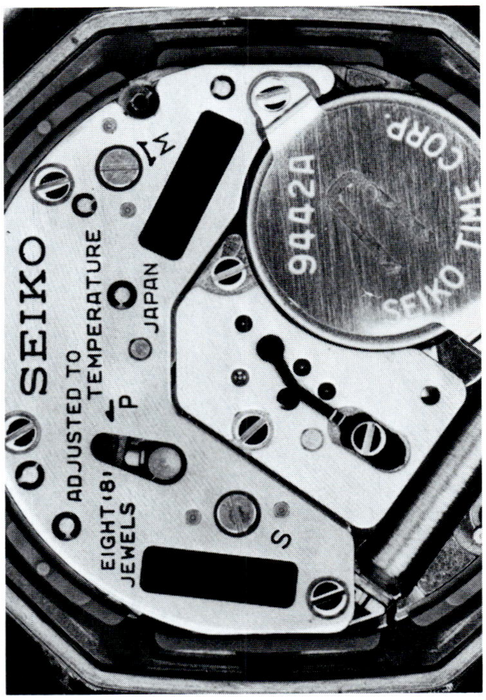

139-1 **Herrenuhr, Edelstahl/Goldplaqué,** *Seiko/Lassale, Japan/Schweiz ca. 1980, Saphirglas, 2 parallel geschaltete Quarze, die temperaturbedingte Schwingungsdifferenzen gegenseitig ausgleichen, Durchmesser 35 x 39 mm.*

139-2 **Chronograph, Edelstahl,** *Seiko, Japan ca. 1980, 1/10 Sekunde-1 Sekunde-1 Minute bis 30 Minuten mit den zwei kleinen Zeigern rechts/links und dem zentralen Sekundenzeiger zu stoppen. Je 4 Motoren und Spulen für die drei Stoppzeiger und das Normalwerk, 1 Quarz 32768 Hz. Durchmesser 38 x 43 mm.*

140-1 ***Herrenuhr, Edelstahl,*** *Omega/ESA, Schweiz ca. 1975-1980, Mineralglas, stahlblaues Zifferblatt, Weißgold-Stundenbalken und -Zeiger, Quarz-Chronometer mit Gangzeugnis, Sekunden- und Minutenzeiger über Druckknopf in der Krone verstellbar, Durchmesser 35 x 37 mm.*

140-3 ***Damenuhr, 585 Gelbgold,*** *Dugena/ESA, Deutschl./Schweiz ca. 1975-1980, Quarz-Werk Durchm. 13 x 15 mm, Gehäusebr. 22 mm.*

140-2 ***Herrenuhr, Doublé,*** *Omega/ESA, Schweiz ca. 1975-1980, Saphirglas mit innen aufgeprägten Zahlen, Quarz-Werk Durchmesser 20 mm, Durchmesser 33 mm.*

141-1 **Damenuhr, Edelstahl,** *Eterna/ESA, Schweiz ca. 1980. Saphirglas, wasserdichtes Gehäuse mit Druckverschluß und Schraubkrone, Quarz-Werk Durchmesser 17 mm, Gehäusedicke nur 6 mm. Durchmesser 24 x 30 mm.*

141-2 **Herrenuhr, Edelstahl/585 Gelbgold,** *Eterna/ESA, Schweiz ca. 1980, ultra-flaches Quarz-Werk, Höhe nur 1,5 mm, Durchmesser 21 mm. Saphirglas, vergoldetes Zifferblatt, Gold-Stundenbalken und -Zeiger, Gold-Glasrand und -Zwischenboden, fein verarbeitetes Band mit eingelegten synth. Saphiren, wassergeschützt, Durchmesser 27 x 31 mm.*

141-3 **Herrenuhr, Edelstahl/Goldplaqué,** *Eterna/ESA, Schweiz ca. 1980, Quarz-Werk mit Wecker und Kalender, minutengenau über die Krone einstellbar, Durchmesser 32 x 33 mm.*

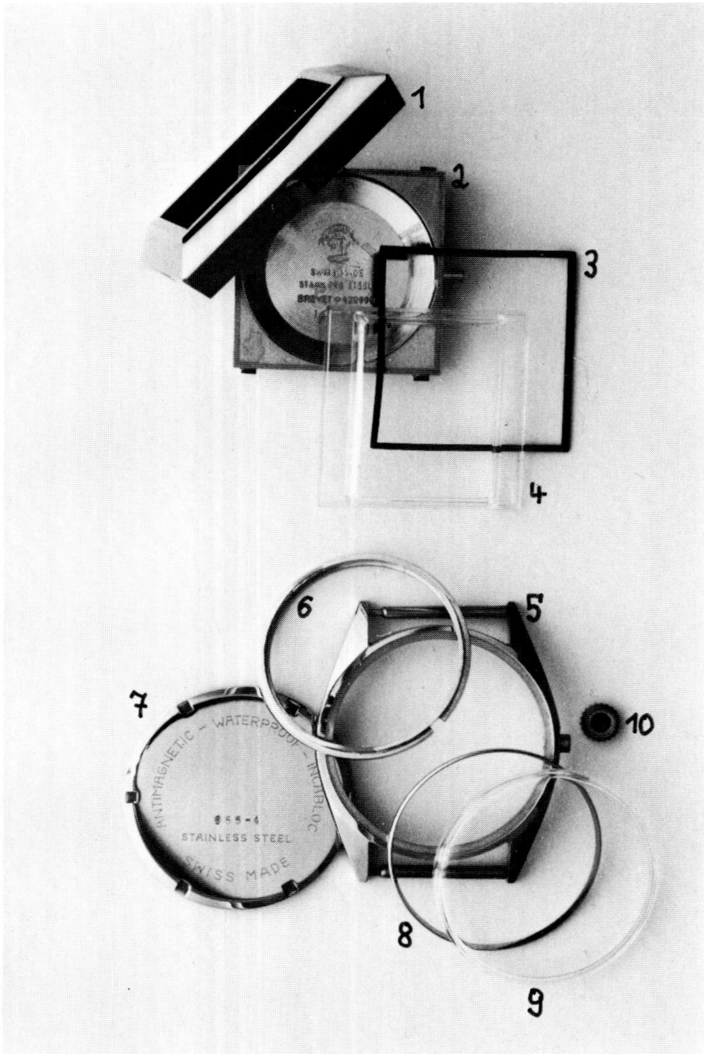

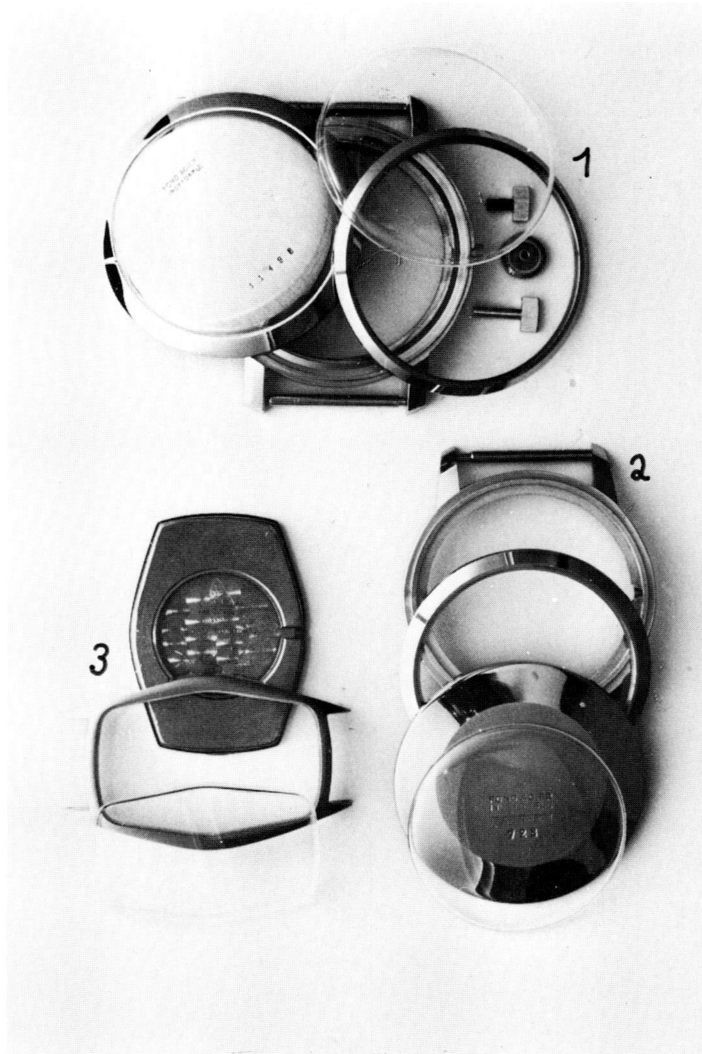

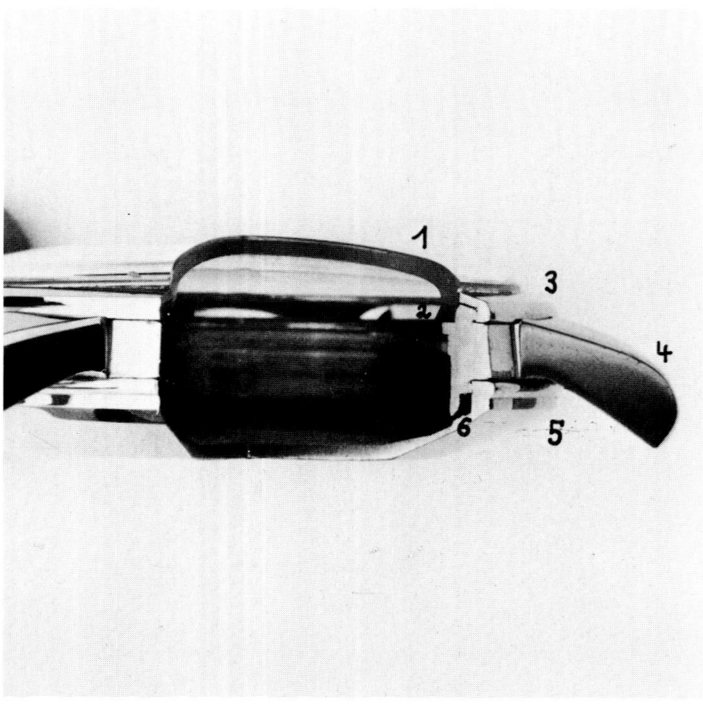

Schnitt durch ein wasserdichtes Armbanduhrgehäuse. 1 Plexiglas, 2 Armierungsring, 3 Glasrand, 4 Anstoß für Uhrband, 5 Gehäuseboden, 6 Gummidichtung

Foto rechts oben: Armbanduhrgehäuse ohne Dichtung.
1 Chronographen-Gehäuse, dreiteilig
2 Herrenuhr-Gehäuse, dreiteilig
3 Damenuhr-Gehäuse, zweiteilig

Foto links oben: Armbanduhrgehäuse, zweiteilig und wassergeschützt.
1 Gehäuse-Oberteil
2 Gehäuse-Boden
3 Gummidichtung
4 Plexiglas

5 Gehäuse-Oberteil
6 Werk-Haltering
7 Schraubboden
8 Uhrglas-Armierungsring
9 Plexiglas
10 Krone

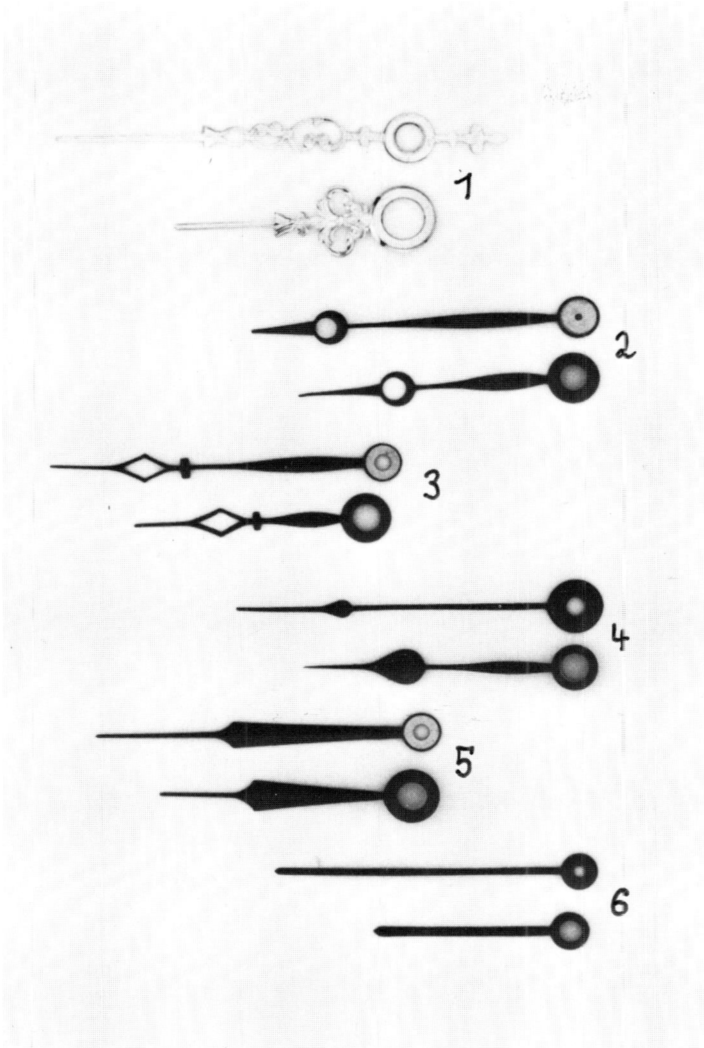

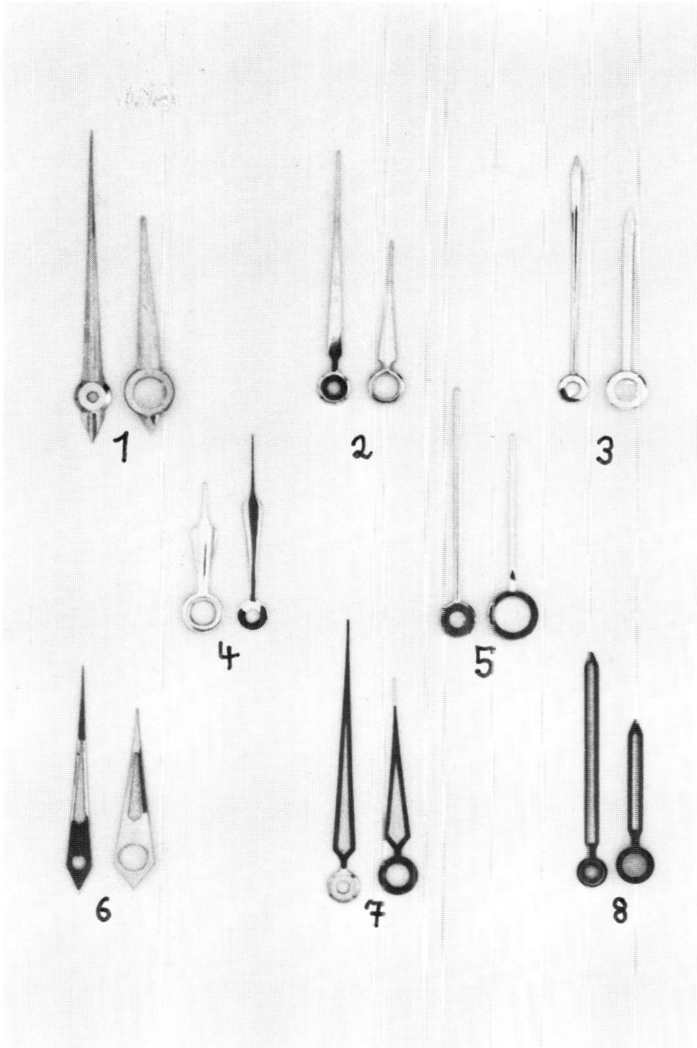

Foto links oben: Taschenuhrzeiger, Bezeichnung der Zeigerform

1 Louis XV
2 Breguet
3 Cathedral
4 Roskopf
5 Modernes
6 Fadenform

Foto rechts oben: Armbanduhrzeiger, Bezeichnung der Zeigerform

1 Dauphine
2 Lanze (Index)
3 Batons
4 Modernes
5 Faden
6 Dauphine-Leuchtmasse
7 Index-Leuchtmasse
8 Faden-Leuchtmasse

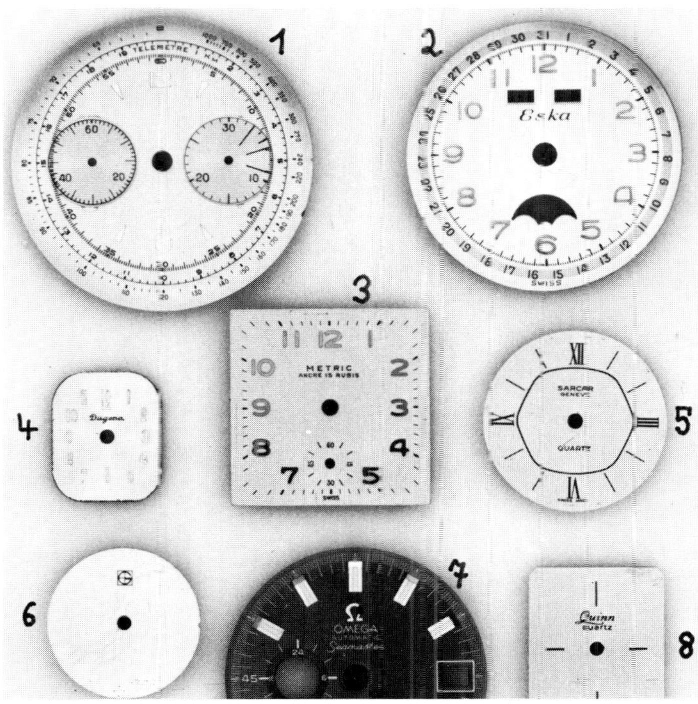

Armbanduhr-Zifferblätter für: 1 Chronograph mit Minutenzähler, ca. 1955; **2** Herrenuhr, Datum-Tag-Monat-Mondstand, ca. 1945; **3** Herrenuhr, kleine Sekunde, ca. 1935; **4** kleine Damenuhr, ca. 1960; **5** moderne Damenuhr, ca. 1975; **6** modische Damenuhr ca. 1980; **7** Chronograph mit 12-Std.-Zähler, 24-Std.-Blatt, zentralem Minutenzähler, Datum, ca. 1975; **8** modische Damenuhr, ca. 1975

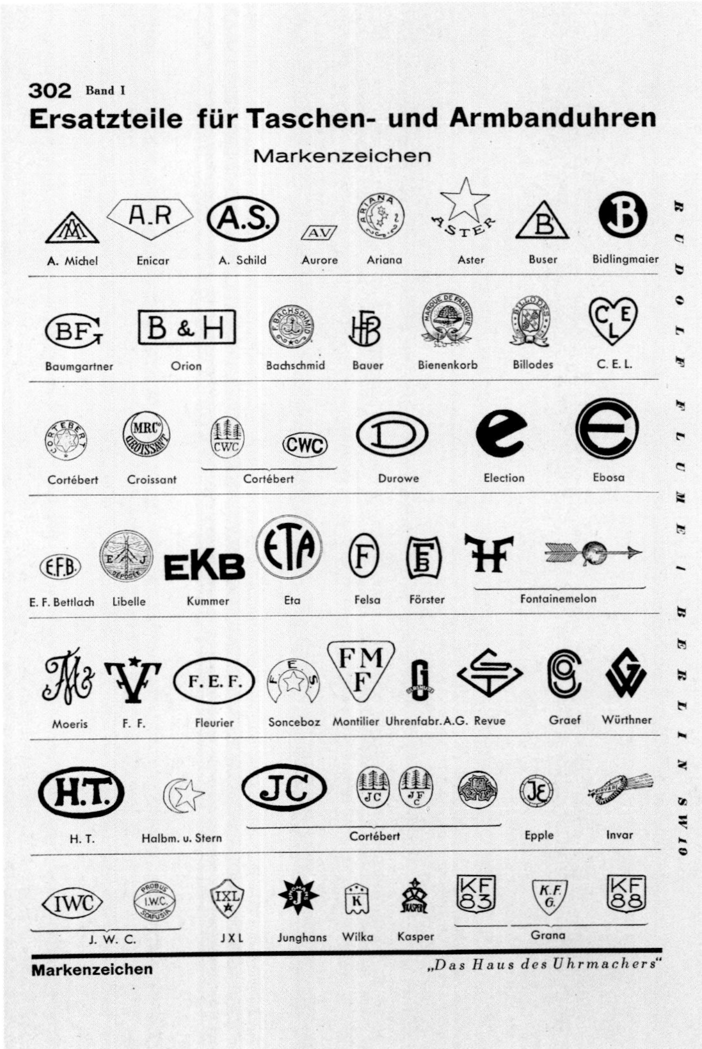

302 Band I

Ersatzteile für Taschen- und Armbanduhren

Markenzeichen

A. Michel · Enicar · A. Schild · Aurore · Ariana · Aster · Buser · Bidlingmaier

Baumgartner · Orion · Bachschmid · Bauer · Bienenkorb · Billodes · C. E. L.

Cortébert · Croissant · Cortébert · Durowe · Election · Ebosa

E. F. Bettlach · Libelle · Kummer · Eta · Felsa · Förster · Fontainemelon

Moeris · F. F. · Fleurier · Sonceboz · Montilier Uhrenfabr. A.G. Revue · Graef · Würthner

H. T. · Halbm. u. Stern · Cortébert · Epple · Invar

J. W. C. · JXL · Junghans · Wilka · Kasper · Grana

Markenzeichen „Das Haus des Uhrmachers"

RUDOLF FLUME / BERLIN SW 19

Band I 303

Ersatzteile für Taschen- und Armbanduhren

Markenzeichen

Langendorf · La Glycine · Medana · Langendorf · Langendorf · Longines

Löwe · Eclipse · L. U. C. · Manzoni · Mido · Mader · Mercure

Minerva · Moeris · Medana · Recta · Oris · Omega · Orion

Peseux · Solvil · P. U. W. · Postala · Minerva · Recta · Rhein · Rosk. Patent

Eterna · S. F. H. · Reconvilier · Ebauches Trust · Unitas · Tavannes

Tavannes · Venus · Vogt · Freya · Cupillard · Wasa · Freco

Deutsche und schweizerische Gold- und Silberstempel

0,800 · 0,875 Schweizerische Silberstempel · Deutscher Reichs-Silberstempel · Deutscher Reichs-Goldstempel · 14 kar.=0,585 · 18 kar.=0,750 Schweizerische Goldstempel

„Das Haus des Uhrmachers" **Markenzeichen**

RUDOLF FLUME / BERLIN SW 19

Fotos oben:
Markenzeichen bekannter Uhrenfabriken, die zwischen 1900 und 1940 Verwendung fanden und auf den Zifferblättern oder Uhrwerken alter Taschen- und Armbanduhren zu finden sind.

Foto oben rechts, untere Reihe:
Gold- und Silberstempel.

Punzierung in dem Sprungdeckel einer Glashütter Taschenuhr.
1 Markenzeichen (A. Lange und Söhne)
2 Feingehaltstempel (585er Gold = 14 kt)
3 Deutscher Goldstempel
4 Gehäusenummer

Rohwerk-Fabriken (Ebauches)

Diese Fabriken beschränken sich auf die Herstellung von Uhrwerken, so daß ihre Firmenstempel immer nur in dem Werk zu finden sind. Zu den bekanntesten Rohwerkfabriken gehören die Marken: A. S. — Durowe — ESA — Eta — Felsa — FHF — Landeron — Peseux — PUW — Valjoux — Venus.

Markenzeichen bekannter Uhrenfabriken, die ab ca. 1940 auf den Zifferblättern oder Uhrwerken von Taschen- und Armbanduhren zu finden sind.

Die Chronometerprüfung

„Chronometer" darf sich eine Präzisionsuhr nennen, die in verschiedenen Lagen bei unterschiedlichen Temperaturen von einem staatlich anerkannten Institut kontrolliert wurde, geforderte Ganggenauigkeiten erreichte und ein Chronometerzeugnis erhalten hat.
Schon im 19. Jahrhundert wurden jährlich Wettbewerbe an den Observatorien Genf, Neuchatel und Kew (England) ausgeschrieben, um die ganggenauesten Taschenuhren zu ermitteln.
Die Glanzzeit der mechanischen Armbandchronometer lag zwischen 1925 und 1965. Trotz mehrfach verschärfter Prüfungsbedingungen, die nur von Armbanduhren feinster Qualität erfüllt werden konnten, erhielten immer größere Serien guter Armbanduhren den begehrten Titel „Chronometer". Eine Prüfung dauerte 15 Tage, die täglichen Durchschnittsdifferenzen durften 1920 ± 15 Sekunden und 1960 ± 3 Sekunden nicht überschreiten. Die Uhr wurde in den 5 Lagen Zifferblatt oben, unten, Krone rechts, links und unten überprüft. Folgende Uhrenfabriken stellten zwischen 1945 und 1965 an den Observatorien Genf und Neuchatel während der jährlichen Wettbewerbe Präzisionsrekorde auf (in der Reihenfolge der Häufigkeit): Omega, Patek Philippe, Zenith, Longines, Movado, Rolex.

Altersbestimmung von Taschenuhren *nach dem „10-Punkte-System"*

1. Alle 10 Punkte im Vergleich mit der antiken Uhr überprüfen und bei Übereinstimmung die linke und rechte Jahreszahl notieren.

*2. Die **9 ältesten der linken** und **9 jüngsten der rechten** Zahlen streichen.*

Zwischen der linken und rechten verbliebenen Jahreszahl liegt das ermittelte Alter der überprüften Uhr.

Um die Übersichtlichkeit der „10-Punkte-Tabelle" zu gewährleisten, wurden alle technischen Merkmale, die ohne Bezug zum Herstellungszeitraum oder nur selten anzutreffen sind, bewußt weggelassen. Die nach 1970 produzierten Taschenuhr-Replikationen lassen sich leicht an der Stoßsicherung erkennen. Altersangaben für Uhren mit ausgefallenen Hemmungen, besonderen Komplikationen oder Umänderungen können nur vom Fachmann für antike Uhren gemacht werden.

Die 10 Testpunkte:

		Auf 5 Jahre abgerundeter Herstellungs-zeitraum	Beispiel auf Seite:
1. Aufzug.	Schlüsselaufzug	1700-1885	25
	Kronenaufzug und seitl. Drücker	1850-1930	57
	Kronenaufzug ohne seitl. Drücker	1890-heute	68
2. Bügelform. (wenn Kronenaufzug)	rund	1850-1910	37
	oval	1890-heute	51
	eckig	1910-heute	69
3. Hemmung.	Spindelhemmung	1700-1845	19
	Cylinderhemmung	1790-1925	23
	Stiftankerhemmung	1870-1975	14
	Chronometerhemmung	1775-1915	45
	Spitzzahn-Ankerhemmung	1800-1900	29
	Kolbenzahn-Ankerhemmung (gerader Anker)	1840-1900	26
	Schweizer-Kolbenzahn-Ankerhemmung	1855-heute	55
	Glashütter-Kolbenzahn-Ankerhemmung	1850-1945	47
4. Unruh. (in Verbindung mit Steinanker)	Unruhreif ohne Schrauben	1840-1885	27
	Kompensations-Unruh, Bimetall	1820-1945	40
	Monometall-Unruh mit Schrauben	1875-1970	69
	Unruhreif ohne Schrauben (stoßgesichert)	1965-heute	69
5. Spirale. (in Verbindung mit Steinanker)	Breguet-Spirale (blau)	1820-1945	53
	Breguet-Spirale (weiß)	1920-1955	106
	Flachspirale (weiß)	1920-heute	69
6. Zeiger.	nur Stundenzeiger	1700-1750	
	+ Minutenzeiger	1700-heute	19
	+ Sekundenzeiger	1750-heute	26
7. Zifferblatt.	Metall .... 1700-1850 +	1905-heute	67
	Emaille	1775-1945	49
	Leuchtmasse	1915-heute	65
8. Ziffern.	römisch .... 1700-1810 +	1850-1910	39
	arabisch .... 1780-1870 +	1895-heute	52
	+ rote Zahlen 13-24	1900-1925	38
9. Uhrsteine.	eingefaßt	1700-1945	15
	eingepreßt	1925-heute	15
	Stoßsicherung	1945-heute	106
10. Spezialwerke.	Taschenstoppuhr	1825-heute	63
	Taschenchronograph	1875-heute	62
	Repetierwerk auf Glocke	1700-1820	17
	Repetierwerk auf Tonfedern	1780-1940	61

Altersbestimmung von Armbanduhren nach dem „10-Punkte-System"

Die 10 Testpunkte:

		Auf 5 Jahre abgerundeter Herstellungszeitraum	Beispiel auf Seite:
1. Aufzug	Handaufzug	1890-heute	107
	Automatic mit Pendelaufzug	1935-1955	99
	Automatic mit Rotoraufzug	1930-heute	100
	Automatic mit Planetenrotor	1955-heute	101
	Automatic mit Kugellager	1950-heute	103
	Automatic in Damenuhren	1950-heute	104
2. Gehäuse.	Boden mit Scharnier	1890-1940	76
	Boden mit Druckverschluß + Justierstift	1910-1925	71
	Boden mit Druckverschluß	1920-heute	79
	Boden verschraubt, wassergeschützt	1930-heute	83
	Boden Druckverschluß, wassergeschützt	1950-heute	104
	Anstoß mit Metallbügel	1890-1960	76
	Anstoß mit Federsteg	1935-heute	85
	Gehäuse in Edelstahl	1930-heute	113
3. Hemmung.	Cylinderhemmung	1890-1945	76
	Stiftankerhemmung	1925-1980	89
	Rubinankerhemmung	1890-heute	107
	Schnellschwinger (19800-21600)	1950-heute	91
	Hochfrequenzschwinger (28800-36000)	1965-heute	115
4. Unruh. (in Verbindung mit Steinanker)	Kompensationsunruh (Bimetall)	1890-1945	80
	Monometall-Unruh mit Schrauben	1900-1970	111
	Unruh ohne Schrauben	1960-heute	111
5. Spirale. (in Verbindung mit Steinanker)	Breguet-Spirale (blau)	1890-1945	107
	Breguet-Spirale (weiß)	1925-1960	106
	Flachspirale (weiß)	1925-heute	107
	Spiralrücker geteilt	1950-heute	88
	Regulierzeiger fehlt	1960-heute	95
6. Zeiger.	Zentralsekunde, indirekt angetrieben	1930-1975	88
	Zentralsekunde, direkt angetrieben	1950-heute	96
	Kalender mit Zeiger	1920-1960	117
	Kalender mit Ziffern im Fenster	1930-heute	117
	Zeiger in Stabform	1960-heute	93
7. Zifferblatt.	Emailzifferblatt	1890-1930	73
8. Ziffern.	Stundenstriche	1930-heute	91
	1 bis 6 arabische Ziffern	1930-1960	87
	Die „12" (arabisch) in roter Farbe	1915-1925	73
	Digitaluhr, mechanisch 1925-1935 +	1970-1980	123
9. Uhrsteine.	Uhrsteine in verschraubten Chatons	1890-1945	107
	Unruhsteine ohne Stoßsicherung	1890-1955	77
	Unruhsteine mit Stoßsicherung	1935-heute	95
10. Spezialwerke.	Handaufzug-Chronograph, Minutenzählwerk	1915-1980	114
	Handaufzug-Chronograph, Stundenzählwerk	1945-heute	113
	Chronograph ohne Schaltrad	1945-heute	113
	Chronograph mit Schaltrad	1915-1980	111
	Automatic-Chronograph	1970-heute	115
Weckwerk.	Handaufzug-Armbandwecker	1950-1980	120
	Automatic-Armbandwecker	1960-heute	121
Taucheruhr.	Handaufzug-Taucheruhr	1945-1980	—
	Automatic-Taucheruhr	1955-heute	122
Batterieuhren.	Unruhantrieb	1955-1975	127
	Stimmgabelantrieb	1960-1980	128
	Analog-Quarzuhr	1970-heute	137
	LED-Digital-Quarzuhr	1970-1980	130
	LCD-Digital-Quarzuhr	1975-heute	133
	Analog + LCD-Digital-Quarzuhr	1980-heute	135
	Stimmgabel-Chronograph	1975-1980	129
	Analog-Quarz-Chronograph	1980-heute	139
	Analog-Quarz-Wecker	1980-heute	141

Armbanduhr-Replikationen im Stil der 20er und 30er Jahre, die nach 1970 häufig auf den Markt gekommen sind, lassen sich leicht an der Stoßsicherung erkennen.
Bei der Bewertung der „10-Punkte-Tabelle" weise ich darauf hin, daß es keine Regel ohne Ausnahme gibt.

Jahreszahlen zur Entwicklungsgeschichte tragbarer Uhren

300 Jahre Hals- und Gürteluhren

um 1480 Halsuhren mit Zugfeder, Spindelhemmung, Schweinsborsten.
um 1680 Halsuhren mit Spiralfeder.
um 1720 Kleine Halsuhren werden am Gürtel getragen.
um 1780 Uhren werden in der Tasche getragen.

100 Jahre Taschenuhren

nach 1780 Viele Erfindungen zur Verbesserung tragbarer Uhren werden gemacht.
nach 1790 Die Schweiz ist zum Uhrenland geworden.
nach 1800 Taschenuhren werden in der Schweiz industriell hergestellt.
nach 1810 Die Cylinderhemmung verdrängt die Spindelhemmung.
nach 1820 Die Taschenuhren sind flacher geworden.
nach 1830 Die Spindeluhrherstellung wird unbedeutend.
nach 1840 Die Kolbenzahn-Ankerhemmung beginnt ihren Siegeszug.
nach 1850 Der Kronenaufzug setzt sich durch.
nach 1860 Cylinder-Anhängeruhren für Damen werden beliebt.
nach 1870 Gute Uhren besitzen eine Ankerhemmung, Kompensationsunruh und Breguetspirale.
nach 1880 Taschenchronograph und Repetieruhr werden aktuell.

100 Jahre Armbanduhren

nach 1880 Erste Armbanduhren werden für das Militär hergestellt.
nach 1890 Die Serien-Armbanduhrfabrikation beginnt in der Schweiz.
nach 1900 Armbanduhren sind bei Sportlern und berufstätigen Frauen aktuell.
nach 1910 Armbanduhrproduktion in großen Stückzahlen.
nach 1920 Viele Versuche mit neuen Uhrgehäuseformen.
nach 1930 Armbanduhren verdrängen die Taschenuhren.
nach 1940 Armbanduhren werden strapazierfähiger.
nach 1950 Die automatische Armbanduhr setzt sich durch.
nach 1960 Armbanduhren mit Batterie werden aktuell.
nach 1970 LED-, LCD- und Analog-Quarzuhren beherrschen den Uhrenmarkt.
nach 1980 Die Analog-Quarz-Armbanduhr hat alle anderen Arten tragbarer Uhren bedeutungslos gemacht, mechanische Uhrwerke werden fast ausschließlich für Luxusuhren produziert.

Stichwortverzeichnis zur Uhrentechnik

A	Adjustierung	Einregulierung
	Analog	Zeit-Anzeige mit Zeigern
	Ankerhemmung	siehe Seite 24
	Anstoß	Armband-Befestigungsbügel
	antimagnetisch	Spirale nicht aus Stahl
B	Baguettewerk	stabförmiges Uhrwerk
	Breguet-Spirale	siehe Seite 15
	Brücke	2x verschraubter Lagerträger
	Brückenwerk	Werk mit mehreren Brücken
	Bügel	Befestigung für Uhrkette
C	Chaton	Halterung für Uhrstein
	Chronograph	siehe Seite 110
	Chronometer	siehe Seite 144
	Cylinder	Unruhachse der Cylinderuhr
D	Deckstein	Uhrstein zur Höhenbegrenzung
	Digital	Zeitanzeige mit Zahlen
	Doublé	Goldauflage
	Drücker	Druckknopf für Stoppwerk
E	Ebauche-Werk	Werk ohne Unruh, Blatt, Gehäuse
	Eterna-Stoßsicherung	ohne Decksteinfeder
F	Feinregulierung	Rücker mit Stellschraube/Excenter
	Formwerk	nicht rundes Uhrwerk
G	Gangzeugnis	Beleg für Genauigkeitsprüfung
	Gleichgewichtsanker	Anker mit Gegengewicht
	Glucydur	Legierung für Unruh
	guillochiert	maschinelle Oberflächengravur
H	Hebestein	Ankerstein
	Hemmrad	Ankerrad
	Hemmung	siehe Seite 14
	Hochfrequenz-Unruh	Schlagzahl 28800 oder 36000/Std.
I	imitierte Komp.-Unruh	vorgetäuschte Kompens.-Unruh
	Incabloc	bekannteste Stoßsicherung
K	Kaliber	Uhrwerk-Modell-Bezeichnung
	Kette	Teil einer Spindeluhr
	Kleinbodenrad	Neben dem Mittelrad
	Klinkenrad	Schaltrad für autom. Aufzug
	Kloben	1 x verschraubter Lagerträger
	Kolbenzahn	Ankerradzahn
	Kompensationsunruh	siehe Seite 15
	Krone	Aufzugrad am Gehäuse
	Kronrad	Aufzugrad im Werk
L	LCD	Flüssigkristallanzeige
	LED	Leuchtdiodenanzeige
	Linie	Längenmaß (1 Linie = 2,256 mm)
	Lochstein	Lagerstein (synth. Rubin)
M	Malteser-Kreuz	Federspannungs-Begrenzung
	Mikron	1 Mikron = 1/1000 mm
	Mineralglas	gehärtetes Kristallglas
	Mittelrad	Rad neben dem Federhaus
	Modul	elektronisches Bauteil
N	Nivaflex	moderne Zugfeder (bruchfest)
	Nivarox	moderne Spirale (antimagnetisch)
	Neusilber	weiße Messinglegierung
P	Palette	Hebestein des Ankers
	Pendel	Aufzuggewicht
	Pfeilerwerk	einfaches Uhrwerk
	Platine	Werkplatte
	Platinenwerk	Werk ohne Brücken
	Plaqué	Goldauflage
Q	Quarz	Kristall, elektr. schwingend
R	Radium	radioaktive Leuchtmasse
	Rainurerad	Aufzugrad
	Relief	erhabene Verzierung
	Remontoir	Aufzug ohne Schlüssel
	rhodiniert	weiße Edelmetallauflage
	Rotor	Aufzugsgewicht
	Rubin	Lagerstein
	Rücker	Regulierzeiger
S	Saphirglas	kratzfestes Uhrglas (Härte 9)
	satiniert	feine Strichgravur
	Savonnette	Sprungdeckeluhr
	Sekundenrad	neben dem Ankerrad
	Stellung	begrenzt mittlere Federkraft
	Stiftanker	einfacher Anker (ohne Rubine)
	Stimmgabel	siehe Seite 128
Sp	Sperrfeder/Kegel	Uhrfeder-Rücklauf-Bremse
	Sperrad	Aufzugrad
	Spindel	Unruhachse der Spindeluhr
	Spirale	siehe Seite 15
	Spiralrolle	Spiralbefestigung an Unruh
Sch	Schnecke	Teil einer Spindeluhr
	Schnellschwinger	Schlagzahl über 18000/Std.
	Schützengrabenuhr	Armbanduhr mit Schutzdeckel
T	Transmissions-Rad	Aufzugrad
	Tula-Silber	Silber mit schwarzen Streifen
U	Uhrstein	Rubin, heute synthetisch
	unadjusted	nicht lagenreguliert
	Unruh	siehe Seite 15
V	Vacuum-Gehäuse	luftleeres Uhrgehäuse
	vergoldet	sehr dünne Goldschicht
W	wassergeschützt	spritzwasserdicht
	Wippenaufzug	in einfachen Uhren
	Wippenrad	Teil des autom. Aufzuges
	Wolfszahn	schräge Aufzugradverzahnung
Z	ziseliert	Tiefengravur
	Zugfeder	Antriebsfeder der Uhr

Persönlichkeiten, die für Duisburg von Bedeutung waren und den Entwicklungszeiten der Taschen- und Armbanduhren gegenübergestellt werden.

Seite:

16	Johann Wolfgang von Goethe, Dichter	28. 8.1749 - 22. 3.1832
20	Napoleon I, Kaiser von Frankreich	15. 8.1769 - 5. 5.1821
24	Friedrich - Wilhelm IV., König v. Preußen	15.10.1795 - 2. 1.1861
28	Friedrich - Albert Lange, Philosoph	28. 9.1828 - 21.11.1875
30	Richard Wagner, Komponist	22. 5.1813 - 13. 2.1883
36	Wilhelm I., Deutscher Kaiser	22. 3.1797 - 9. 3.1888
44	Otto von Bismarck, Reichskanzler	1. 4.1815 - 30. 7.1898
46	Wilhelm Lehmbruck, Bildhauer	4. 1.1881 - 25. 3.1919
54	August Thyssen, Großindustrieller	17. 5.1842 - 4. 4.1926
60	Paul von Hindenburg, Reichspräsident	2.10.1847 - 2. 8.1934
66	Gerhart Hauptmann, Schriftsteller	15.11.1862 - 6. 6.1946
70	Karl Jarres, Oberbürgermeister	21. 9.1874 - 20.10.1951
74	Gustav Stresemann, Außenminister	10. 5.1878 - 3.10.1929
78	Sven Hedin, Forscher	19. 2.1865 - 26.11.1952
82	Konrad Adenauer, Bundeskanzler	5. 1.1876 - 19. 4.1967
86	Otto Dibelius, evgl. Bischof	15. 5.1880 - 31. 1.1967
90	Elisabeth II., Königin von England	21. 4.1926
94	Gustav Heinemann, Bundespräsident	23. 7.1899 - 7. 7.1976
98	Gustaf Gründgens, Regisseur	22.12.1899 - 7.10.1963
110	Ludwig Erhard, Wirtschaftsminister, Bundeskanzler	4. 2.1897 - 5. 5.1977
116	Theodor Heuss, Bundespräsident	31. 1.1884 - 12.12.1963
126	Charles de Gaulle, frz. Staatspräsident	22.11.1890 - 9.11.1970

Alpina

Alpina Watch International SA
Gewerbehofstraße 11
CH - 2501 Biel-Bienne
(nur noch Marke/in Lizenz)

gegründet 1883 als gemeinsame Marke der Uhrenfabriken Straub, Weber, Kurth, Aegler, Huguenin, Gruen. Jacob Straub leitete den Firmenverbund.
1908 Fertigung von guten Taschenuhren in der neu errichteten Fabrik „Alpina Union Horlogére" in Biel.
1930 Handelsmarke Alpina in Deutschland.
1935 Alpina wieder Fabrikmarke.
1980 Alpina in Lizenz als Markenname.

Programm heute: Armbanduhren mittlerer und guter Qualität.

Arsa

James Choffat SA
Rue de la Promenade 22
CH - 2720 Tramelan
Telefon 32-974246

gegründet 1898 in Tramelan
von August Reymond
Produktion guter Taschenuhren
1920 Armbanduhren
1930 Blindenuhren

Programm heute: Armbanduhren guter Qualität, Blindenuhren.

Audemars Piguet

Audemars Piguet & Cie SA
Route de France 16
CH - 1348 Le Brassus
Telefon 21-854471

gegründet 1875 in Le Brassus
von Jules Audemars und Edouard Piguet
Fertigung von Taschenuhren feiner Qualität.
Firmensitz ab 1880 in Genf.
Spezialität: Uhren mit ewigem Kalender, Repetition, Mondphase.
Nach 1955: Ultra-flache mechanische Armbanduhren.

Programm heute: Feine Armband- und Taschenuhren der Luxusklasse.

Bulova

Bulova Watch Co.
Faubourg du Jura 44
CH - 2500 Bienne 4
Telefon 32-410741)

gegründet 1875 in USA/1920 in Biel-Bienne
von Joseph Bulova
Montage Schweizer Uhrwerke in eigene Gehäuse in New York.
Ab 1920 Fabrikation in der Schweiz.
1959 Elektronischer Stimmgabel-Zeitmesser in amerikanischen Satelliten.
1960 Stimmgabel-Armbanduhr.

Programm heute: Quarz-Armbanduhren mittlerer und guter Qualität.

Certina

Certina Kurth Freres SA
Route de Boujean 9
CH - 2503 Bienne
Telefon 32-424911

gegründet 1888 in Biel
von den Gebrüdern Kurth
ab 1939 Firmenname „Certina"
Fertigung von Taschen- und Armbanduhren guter Qualität.

Programm heute: Armbanduhren guter und sehr guter Qualität.

Chopard

L. U. Chopard & Cie SA
Rue de Veyrot 8
CH - 1217 Meyrin-Geneve
Telefon 22-821717

gegründet 1860 in Sonvillier
von Louis Ulysse Chopard
Produktion sehr feiner Taschenuhren,
Lieferant der Schweizer Eisenbahnen.
1920 Verlegung des Geschäftssitzes nach Genf,
Produktion von feinen Armbanduhren.
1963 Übernahme der Firma durch Karl Scheufele, Pforzheim.
1974 Bau einer Fabrik in Genf-Meyrin.
Produktion der Werke und Gehäuse in Genf,
Fertigung der Uhrbänder und Juwelenausstattung in Pforzheim.

Programm heute: Armband- und Taschenuhren feinster Qualität, speziell Luxusuhren und Juwelenmodelle.

Cyma

Cyma SA
Rue des Billodes 26
CH - 2400 Le Locle
Telefon 39-314253

gegründet 1862 in Le Locle
von Joseph und Theodore Schwob.
Produktion von guten Taschenuhren unter dem Name „Cyma".
1891 Tagesproduktion 150 Repetier- und Stoppuhren.
1903 Extra-flache Taschenuhr mit Chronometerschein.
1910 Tagesproduktion 2000 Uhren.
1929 Tagesproduktion 4000 Uhren.

Programm heute: Quarz-Armbanduhren guter Qualität.

Dubois

Philippe Dubois & Fils SA
Grand-Rue 22
CH - 2400 Le Locle
Telefon 39-314016

gegründet 1785 in Le Locle
von Philippe du Bois-Sandoz.
Fabrikation feiner Spindel-Taschenuhren.
1800 Cylinder-Taschenuhren.
1875 Anker-Taschenuhren.
1915 Armbanduhren (Marke Regula).
1945 Gute Armbanduhren (Marke Dubois).

Programm heute: Gute Armbanduhren.

Dugena

Dugena-Uhren
Haardtring 100
D - 6100 Darmstadt
Telefon 0 61 51 - 39 21

gegründet 1917 als Alpina Deutsche Uhrmacher-Genossenschaft
1935 Trennung von der Schweizer Marke Alpina,
Gründung der Handelsmarke „Dugena" — Deutsche Uhrmacher-Genossenschaft.
Zusammenschluß von 1000 bis 2000 Uhrenfachgeschäften.

Programm heute: Uhren einfacher, mittlerer und guter Qualität.

Doxa

Aubry Freres SA
CH - 2725 Le Noirmont
Telefon 39-531361

gegründet 1889 in Le Locle
von Georges Ducommun.
Fabrikation guter Taschenuhren.
1910 Armbanduhrproduktion
1930 Armbandchronographen

Programm heute: Quarz-Armbanduhren guter Qualität.

Enicar

W. M. Enicar SA
Faubourg du Jura 42
CH - 2501 Bienne
Telefon 32-424321

gegründet 1913 in Lengenau
von Ariste Racine.
Produktion guter Taschen- und Armbanduhren.

Programm heute: Armbanduhren guter Qualität.

Ernest Borel

Aubry Freres SA
CH - 2725 Le Noirmont
Telefon 39-531361

1978 Übernahme der Fabrik durch Aubry Freres SA

Programm heute: Armbanduhren guter Qualität.

Eterna

Eterna AG
Schützengasse 46
CH - 2540 Grenchen
Telefon 65-512121

gegründet 1856 in Grenchen
von Dr. Josef Girard und Urs Schild.
Montage von Fertigteilen zu Uhrwerken guter Qualität.
1880 Herstellung kompletter Uhren sehr guter Qualität.
1906 Armbanduhrproduktion, Firmenname „Eterna".
1914 1. Armbandwecker der Welt.
1930 Kleinste Baguette-Armbanduhr.
1948 Kugellager für Automatic-Rotor.
1958 Kleinste Damen-Automatic der Welt.
1963 Flachste Kalender-Automatic der Welt.

Programm heute: Sehr gute Armbanduhren, Luxusuhren.

Favre-Leuba

Favre-Leuba SA
Rue Michel-Servet 12
CH - 1211 Geneve 12
Telefon 22-473466

gegründet 1851 in Genf
von Henry-Auguste Favre.
Fertigung guter Taschenuhren.
1965 Firmenname Favre-Leuba.

Programm heute: Armbanduhren guter Qualität.

Heuer

TAG-Heuer SA
Rue Vérésius 18
CH - 2501 Bienne
Telefon 32-231881

gegründet 1860 in St. Imier
von Edouard Heuer.
Anfangsproduktion: Taschenuhren mit Kronenaufzug.
1869 Patent für Kronenaufzug.
1885 Patente für Chronographen-Systeme.
1889 Taschenchronograph mit Doppelzeiger und Minutenzähler.
1945 Weltweit führende Spezialfabrik für Chronographen und Stoppuhren.

Programm heute: Armband- und Taschenchronographen, Taucher- und Sportuhren in mechanisch und elektronisch, Bordinstrumente, gute und sehr gute Qualität.

IWC

IWC International Watch Co SA
Baumgartenstraße 15
CH - 8200 Schaffhouse
Telefon 53-88155

gegründet 1868 in Schaffhausen
von Florence Jones.
Produktion von Taschenuhren sehr guter Qualität mit modernen Fertigungsmethoden.
1879 Übernahme der Firma durch den Unternehmer Rauschenbach.
1915 Armbanduhrproduktion.
1940 Fliegeruhren.

Programm heute: Taschen- und Armbanduhren mit mechanischen und elektronischen Werken in sehr guter Qualität.

Jaeger-Le Coultre

Jaeger-Le Coultre
Rue de la Golisse 8
CH - 1347 Le Sentier
Telefon 21-8454521

gegründet 1833 in Le Sentier
von Antoine le Coultre.
Produktionsbeginn mit Werkteilen für sehr gute Taschenuhren.
1902 Die flachste Uhr der Welt.
1929 Die kleinste Uhr der Welt.
1930 David le Coultre und Edmond Jaeger gründen die Firma „Jaeger-Le Coultre".
1935 Die automatische Armbanduhr.
1956 Automatic mit Weckwerk.

Progamm heute: Sehr gute Armbanduhren, Luxusuhren.

Junghans

Junghans Uhren GmbH.
Postfach 100/120
D - 7230 Schramberg
Telefon 0 74 22 - 181

gegründet 1861 in Schramberg/Württ.
von Erhard Junghans und Jacob Zeller-Tobler.
Fertigung einfacher Taschenuhren, Firmenname „Zeller und Junghans".
1890 Taschenuhren in guter Qualität
1911 Firmenname „Uhrenfabriken Gebr. Junghans AG".
1927 Armbanduhrherstellung
1935 Eigene Armbanduhrwerke
1949 50% der Fabrikanlagen sind demontiert worden.
1954 Armbandchronometer
1967 Erste Batterie-Armbanduhr mit Transistorsteuerung
1970 Quarz-Armbanduhr

Programm heute: Armbanduhren guter Qualität.

Kienzle

Kienzle Uhrenfabriken GmbH.
D - 7730 VS-Schwenningen
Telefon 0 77 20 - 39 91

gegründet 1822 in Schwenningen
von Johann Schlenker.
1883 Fabrikmäßige Fertigung von Uhren.
1935 Fabrikation einfacher Armbanduhren.
1950 Stiftanker-Taschen- und -Armbanduhren in großen Stückzahlen.

Programm heute: Quarz-Armbanduhren der einfachen und mittleren Qualität.

Longines

Compagnie des Montres Longines
Francillon SA
CH - 2610 Saint-Imier
Telefon 39-421111

gegründet 1832 in St. Imier
von Henri Raiguel und Florian Morel.
Produktion von Taschenuhren guter Qualität.
1867 Neue Fabrik, Produktion unter der Marke „Longines".
1889 Chronograph mit Minutenzähler.
1897 Uhrwerk im Durchmesser 21 mm.
1918 Armbanduhrproduktion.
1952 Zeitmessung Olympiade.
1961 Elektronische Armbanduhr.

Programm heute: Quarz-Uhren guter und sehr guter Qualität.

Marvin

Compagnie des Montres Marvin SA
Rue de la Paix 135
CH - 2300 La Chaux-de-Fonds
Telefon 39-264649

gegründet 1850 in St. Imier
von Marc und Emmanuel Didisheim.
Produktion guter Taschenuhren.
1912 Fabrik für eigene Uhrwerke in La Chaux-de-Fonds, Markenname „Marvin", Armbanduhrherstellung.
1973 Mit anderen Uhrenfabriken vereinigt in der M. S. R.-Gruppe.

Programm heute: Gute Armbanduhren mit Quarz-Werken.

Maurice Guerdat

Maurice Guerdat
Janine Bichsel
Postfach 59
CH - 2006 Neuchatel
Telefon38-253833

gegründet 1956 in Genf
von Maurice Guerdat.
Modische Armbanduhren guter Qualität.

Programm heute: modische Quarz-Armbanduhren.

Mido

Mido C. Schaeren & Co SA
Route de Boujean 9
CH - 2507 Bienne
Telefon 32-421221

gegründet 1918 in Biel-Bienne
von Georges Schaeren.
1922 Armbanduhrproduktion
1934 Automatic mit Stoßsicherung, wasserdicht, antimagnetisch.
1959 wasserdichte, einteilige Uhrgehäuse.

Programm heute: Gute Armbanduhren mit mechanischen und elektronischen Uhrwerken.

Minerva

Minerva Sport SA
CH - 2613 Villeret
Telefon 39-413662

gegründet 1858 in Villeret
von Charles Robert.
Herstellung guter Taschenuhren.
1895 Eigene Rohwerkproduktion, flache Taschenuhren.
1908 Taschenchronographen.
1918 Armbandchronographen.
1944 Erfindung des Economic-Chronographen (ohne Schaltrad).

Programm heute: Gute und sehr gute Stoppuhren/Chronographen.

Mondaine

Mondaine Watch LTD
Lessingstraße 5
CH - 8059 Zürich
Telefon 1-2026650

gegründet 1951 als Uhrenhandelsfirma.
1959 Eigene Produktion in Neuchatel.
1975 Erste LCD-Uhr mit Mikroprozessor.

Programm heute: Armbanduhren einfacher Qualität.

Movado

Movado Watch Co SA
Bettlachstraße 8
CH - 2540 Grenchen
Telefon 65-525301

gegründet 1881 in La Chaux-de-Fonds
von Achille Ditesheim.
Produktion guter Taschenuhren.
1900 Damen-Armbanduhren mit Ankerhemmung.
1905 Firmenname „Movado".
1912 Längliche Armbanduhr mit gebogenem Werk.
1940 Wasserdichte Uhren.
1958 Flache automatische Armbanduhren.

Programm heute: Quarz-Armbanduhren in guter Qualität

Omega

Omega SA
Rue Jacob-Stämpfli 96
CH - 2504 Bienne
Telefon 32-429211

gegründet 1848 in La Chaux-de-Fonds
von Louis Brandt.
Produktion guter Taschenuhren.
1880 Firmensitz Biel.
1894 Modellname „Omega" eingeführt.
1900 Armbanduhrproduktion.
1936 Zeitnehmer der Olympiade in Berlin.
1940 Armbanduhr mit automatischem Aufzug.
1946 Speedmaster-Armbandchronograph.
1953 Armbandchronometer „Constellation" mit Gangzeugnis.
1972 Megaquarz-Armbanduhr (2359296 Schwingungen/Sekunde).

Programm heute: Elektronische und mechanische Armbanduhren sehr guter Qualität, Luxusuhren, exklusive Schmuckuhren.

Patek Philippe

Patek Philippe SA
Rue du Rhone 41
CH - 1211 Geneve 3
Telefon 22-200366

gegründet 1839 in Genf
von Norbert Patek und Czapek.
Fabrikation sehr feiner Taschenuhren.
1842 Erfindung des Kronenaufzuges durch Adrien Philippe, erste Taschenuhr mit Kronenaufzug von Patek.
1855 Vergrößerung der Fabrik.
1901 Firmenname „Patek, Philippe & Co."
1925 Herstellung feinster Taschen- und Armbanduhren, auch mit kleinen und großen Komplikationen.
1926 Erste Preise für Taschenchronometer.

Programm heute: Taschen- und Armbanduhren feinster Qualität, Luxusuhren.

Recta

Recta SA
Rue du Viaduc 3
CH - 2500 Bienne
Telefon 32-233623

gegründet 1897 in Biel
von A. Müller.
Herstellung guter Taschenuhren.
1920 Armbanduhrproduktion, Firmenname Recta.
1955 Einstellung der Uhrenherstellung, Produktion von Uhrwerk-Einzelteilen.

Revue

Revue Thommen SA
CH - 4437 Waldenburg
Telefon 61-970411

gegründet 1853 in Waldenburg
von Gedeon Thommen und Louis Tschopp.
Erste Fabrik der Nord-West-Schweiz.
Fertigung von Uhrenteilen.
1860 Anfertigung von Taschenuhren guter Qualität.
1915 Armbanduhren.

Programm heute: Armbanduhren mittlerer und guter Qualität.

Rolex

Montres Rolex SA
Rue Francois-Dussaud 10
CH - 1211 Geneve 24
Telefon 22-432200

gegründet 1905 in London
von Hans Wilsdorf.
Lieferant der Ankerwerke: Firma Aegler/Biel.
1908 Markenname „Rolex".
1910 Erster Armbandchronometer.
1919 Firmensitz Genf.
1926 Modell „Oyster", wasserdicht.
1931 Automatic-Modell „Perpetual".
1945 Kalender-Modell „Datejust".
1956 Wochentag-Modell „Day-Date".

Programm heute: Elektronische und mechanische Armbanduhren feiner Qualität, Luxusuhren.

Seiko

Hattori Seiko Co. Ltd.
6-21, Kyobashi 2 - chome
Chuo-Ku, Tokyo 104
Telefon 00813-535-2325

gegründet 1881
von K. Hattori.
1895 Beginn der Taschenuhrherstellung.
1913 Erste Armbanduhrproduktion.
1969 Weltweit erste Quarz-Armbanduhr.
1971 LCD-Quarz-Armbanduhr.
1983 Quarz-Analog-Chronograph.

Programm heute: Ein breites Sortiment guter Quarz-Uhren.

Tissot

Tissot SA
Ch. des Tourelles 17
CH - 2400 Le Locle
Telefon 39-341131

gegründet 1853 in Le Locle
von Charles Félicien Tissot (Gehäusemacher, 1804-1873)
und Charles Emile Tissot (Uhrmacher, 1830-1910).
Fabrikation guter Taschenuhren mit Hauptabsatzgebiet Rußland (bis 1917).
1915 Beginn der industriellen Produktion, Armbanduhren.
1920 Eigene Rohwerkherstellung.
1958 Rationalisierung der Armbanduhrfertigung durch ein Basisuhrwerk, das verschiedene Zusatzaufbauten ermöglichte.
1970 Entwicklungen auf dem Gebiet der Quarz-Armbanduhr.
Programm heute: Gute mechanische und elektronische Armbanduhren, wasserdichte Uhren, Schmuckuhren.

Ulysse Nardin

Ulysse Nardin SA
Rue de Jardin 3
CH - 2400 Le Locle
Telefon 39-315677

gegründet 1846 in Le Locle
von Ulysse Nardin.
Produktion sehr guter Taschenuhren.
1860 Taschenchronometer.
1910 Marinechronometer.
1945 Automatische Armbanduhren.
1950 Armbandchronographen.
1955 Automatische Armbanduhren mit Chronometerzeugnis.
Programm heute: Gute und sehr gute Armbanduhren.

Universal Genève

Montres Universal SA
Route des Acacias 2
CH - 1211 Geneve 24
Telefon 22-420050

gegründet 1894 in Le Locle
von Perret und Berthoud.
Produktion guter Taschenuhren.
1915 Firmensitz Genf und Firmenname „Universal Genève".
1917 Armbandchronograph.
1943 Modell „Tri-compax", Chronograph mit Mondphase und Kalender.
Programm heute: Armbanduhren sehr guter Qualität.

Vacheron & Constantin

Vacheron & Constantin SA
Rue des Moulins 1
CH - 1211 Geneve 11
Telefon 22-283133

gegründet 1755 in Genf
von Jean-Marc Vacheron.
Herstellung von Taschenuhren feinster Qualität, Luxusuhren.
1819 Francoise Constantin wird Teilhaber.
1872 Auszeichnungen des Observatoriums Genf.
1915 Armbanduhren feinster Qualität.
1955 Flachstes Armbanduhrwerk der Welt.
Programm heute: Luxusuhren.

Zenith

Zenith SA
Rue des Billodes 34
CH - 2400 Le Locle
Telefon 22-341155

gegründet 1865 in Le Locle
von George Favre-Jacot.
Produktion sehr guter Taschenuhren.
1911 Firmensitz in Genf und Firmenname „Zenith".
1915 Armbanduhrherstellung.
1930 Armbandchronometer.
1950 Einer der führenden Hersteller von Armbandchronometern.

Programm heute: Taschen- und Armbanduhren guter und sehr guter Qualität.

Buchempfehlungen

Wenn Sie sich weiter über Taschen- oder Armbanduhren informieren möchten, empfehle ich Ihnen folgende Bücher:

Reinhard Meis
„Taschenuhren"
Callwey-Verlag, 8000 München.

Kurt Herkner
„Glashütte und seine Uhren"
Herkner-Verlag, 4047 Dormagen.

Giampiero Negretti/Franco Nencini
„Die schönsten Armbanduhren vergangener Jahrzehnte"
Heyne-Verlag, 8000 München.

Jürgen Abeler
„Zeit-Zeichen"
Harenberg Kommunikation, 4600 Dortmund.

Bernhard Schmeltzer
„Taschen- und Armbanduhren richtig sammeln und bewerten"
Sammelordnung, Uhrentechnik, Qualitätsbeurteilung, Wertermittlung,
484 teils farbige Fotos, 500 mit Text und Foto erklärte Fachbegriffe, 176 Seiten, DM 78,—
Verlag Karin Schmeltzer, 4100 Duisburg 1, Postfach 21 06 08

Neuerscheinung 1991:

Bernhard Schmeltzer
„Die automatische Armbanduhr"
von den Anfängen bis heute.
Alles über ihre Geschichte, Funktion und Qualität.
192 Seiten, 632 teils farbige und großformatige Fotos, DM 98,—
Verlag Karin Schmeltzer, 4100 Duisburg 1, Postfach 21 06 08

Veröffentlichung der Markentabellen Seite 144 und 145:
Mit Genehmigung der Firma Rudolf Flume, 4300 Essen.